타문화 사역과 교육

주디스 E. 링겐펠터 · 셔우드 G. 링겐펠터 지음
김 만 태 옮김

기독교문서선교회

기독교문서선교회(Christian Literature Crusade: 약칭 CLC)는
1941년 영국 콜체스터에서 켄 아담스에 의해 시작되었으며
국제 본부는 영국의 쉐필드에 있습니다.

국제 CLC는 59개 나라에서 180개의 본부를 두고, 약 650여 명의
선교사들이 이동도서차량 40대를 이용하여 문서 보급에 힘쓰고 있으며
이메일 주문을 통해 130여 국으로 책을 공급하고 있습니다.

한국 CLC는 청교도적 복음주의 신학과 신앙서적을 출판하는
문서선교기관으로서, 한 영혼이라도 구원되길 소망하면서
주님이 오시는 그날까지 최선을 다할 것입니다.

TEACHING Cross-Culturally

Written by
Judith E. Lingenfelter · Sherwood G. Lingenfelter

Translated by
Mantae Kim

Copyright © 2003 by Judith E. Lingenfelter · Sherwood G. Lingenfelter.
Originally published in English under the title as
Teaching Cross-Culturally
Published by Baker Academic, a division of Baker Publishing Group
Translated and used by the permission of
Baker Academic, a division of Baker Publishing Group,
Grand Rapids, MI 49516, U.S.A.

All rights reserved

Korean Edition
Copyright © 2013 by Christian Literature Crusade
Seoul, Korea

추천사

박기호 박사
Fuller Theological Seminary 선교대학원 아시아선교학 교수

셔우드 링겐펠터 박사와 주디스 링겐펠터 박사 부부는 탁월한 기독교 교육자들이시다. 두 분이 함께 쓴 *TEACHING Cross-Culturally*가 한국에서『타문화 사역과 교육』이란 이름으로 출판됨을 매우 환영한다.

상황화 문제는 복음전도에 있어서뿐 아니라 교육에서도 매우 중요한 문제다. 사도 바울이 복음의 내용을 왜곡시키지 않으면서도(갈 1:7-8), 복음을 사람들이 가장 잘 이해할 수 있도록 각 사람의 형편에 맞게 전달하려고 부단히 노력했듯이(고전 9:19-23), 오늘날 복음 사역자들은 불변의 진리를 변화하는 세상에서 사람들이 가장 잘 이해할 수 있도록 노력을 아끼지 않아야 할 것이다.

링겐펠터 박사 부부는 바이올라대학교와 풀러신학교에서 오랜 교수사역을 해오면서 각국에서 온 학생들을 가르쳤고 수없이 선

교현장을 방문하며 타문화권에서 교육 사역에 종사해 오신 타문화권 교육 전문가들이시다. 이 책은 타문화권에서 효과적으로 복음을 전하고 교육활동에 참여하는 일에 진지한 관심을 가지고 있는 사역자들이 반드시 읽어야 할 유익한 책이다.

유승관 박사
SIM International Consultant, 국제로잔회의 전략위원

예수 그리스도의 대위임령(마 28:18-20)에 나오는 네 가지의 명령 가운데 마지막 동사는 "가르쳐 지키게 하라!"(teaching them to obey)이다. 주님의 말씀을 자신의 삶 속에서 지키며 사는 참 제자를 만들기 위해서는 잘 가르쳐야 하고, 잘 가르치기 위해서는 먼저 정확하게 잘 알아야 한다. 이 책은 링겐펠터 박사 부부가 지난 30여 년 동안 직접 경험하고 체득한 실전을 바탕으로 한 타문화권 사역과 교육에 관한 살아있는 안내서이며 지침서이다.

"선교는 문화라는 옷을 입고 오기 때문에 먼저 문화를 이해해야 한다"는 폴 히버트의 말처럼, 타문화에 대한 이해는 매우 중요하고 선결되어야 할 과제이다. 선교를 비롯해 어느 분야에서, 어떤 형태의 일을 하든지, 타문화권 사람들을 교육하고 훈련하는 일을 하는 자들이라면 꼭 읽어야 할 필독서로서 추천하는 바이다.

정민영 선교사
Wycliffe Global Alliance 부대표

　링겐펠터 박사는 문화에 대한 학문적 깊이와 실제적 이해가 드물게 조화를 이루는 '실천적 학자'일뿐 아니라, 평생 그리스도의 성육신 원리를 연구하고 자신의 삶에 구현하려 노력한 훌륭한 믿음의 스승이다. 나는 그의 문하에서 직접 수학한 적은 없지만, 위클리프성경번역선교회 국제이사회를 수년간 함께 섬기면서 문화 이해와 성육신적 사역에 대한 그의 탁월한 통찰과 식견에 거듭 감탄하곤 했다. 효과적 문화습득(배움)과 타문화권 사역(가르침)이란 두 마리 토끼를 동시에 잡아야 할 선교적 과제의 교과서라 평가할 수 있는 이 탁월한 책을 모든 타문화권 사역자들에게 강력히 추천한다.

전병철 박사
아세아연합신학대학교 기독교교육학과 교수,
어깨동무 글로벌리더십연구소 소장

　새로 부임한 학교에서 다문화 교육학을 개설했지만, 마땅한 교과서가 없어서 난감해 하고 있던 차에, 나의 박사학위 논문 지도 교수인 주디스 링겐펠터 박사의 저서가 한국말로 번역되어 참으로 기쁘다. 통계청 발표에 따르면, 우리나라는 현재 주민등록 인구의 2퍼센트 이상이 다문화 가정이며, 매년 10만 명 이상의 이민자들이 생겨나고 있다. 글로벌 시대의 교육적 필요에 부응하여, 우리나라의 교사훈련과 교육과정도 다문화 가정의 자녀들을 체계적으로 교육시킬 수 있도록 변화 되어야 할 것이다.

 이 책은 오랫동안 단일문화에 젖어있던 우리나라 사람들에게 다문화교육에 관한 최고의 교과서가 될 것이라고 확신한다. 무엇보다 교사 출신인 국제교육학 교수가 소개하는 성육화된 교육방법으로 이중문화를 아우르는 글로벌 교육에 필요한 탁월한 통찰들과 바로 실천가능한 지침들로 가득하다. 글로벌 시대에 문화지능이 높은 아이들로 교육시키기 원하는 사람이라면 누구나 한 번쯤 꼭 읽어야 할 필독서이다. 특히 일선 교사들에게 일독을 권하고 싶다.

패트리샤 데이비스
Summer Institute of Linguistics 교수

 저자들은 수십 년간의 연구와 경험으로부터 얻은 귀한 자료를 교사와 학습자 모두에게 제공하고 있으며 도전들을 극복하는 실제적인 방안들을 제시하고 있다. 타문화 환경에서 이제 막 일을 시작한 교육자나 오랫동안 일해 온 교육자 모두 읽어야 할 필독서이다.

짐 플루드맨
Serving In Mission 국제 디렉터

 예수 그리스도의 지상명령은 미전도 종족을 전도하는 것보다 훨씬 범위가 크다. 예수님은 모든 민족을 가르침으로써 제자 삼으

라고 명하신다. 타문화권에서 가르치는 모든 사람이 이 책에 제시된 원리와 방법들로부터 큰 도움을 얻을 것이다.

엘리사벳 콘데 프레이저
Claremont School of Theology 교수

성육신적 교육은 이 책의 정수이다. 독자로 하여금 교사의 관점과 학습자의 관점 모두를 생각하게 한다. 이 책은 기독교 교육자들에게 문화에 대한 깊은 이해를 제공하며 독자들을 기독교인으로서뿐 아니라 교사로서 열매맺는 교육 사역을 하도록 이끌어 준다.

줄리어스 윙 로이싱
Moody Graduate School 교수

이 책은 열방을 제자화 하고자 하는 사람들에게 실질적인 정보를 제공한다. 나는 20년간 전통적인 교육방식을 취했었는데 이 책을 읽고 방향을 바꾸게 되었다!

스티브 강
Wheaton College 교수

강력하면서도 은혜롭고 지혜가 넘치는 이 책은 모든 기독교 지도자들이 변화하는 세계 속에서 예수 그리스도의 복음을 효과적으로 가르치기 위해 반드시 읽어야 할 책이다.

마이클 포컥
Dallas Theological Seminary 교수

    견고한 선교학적 원리와 영원한 성경적 진리를 바탕으로 저자는 타문화권에서 효과적인 기독교적 교육 방식을 제시한다.

서문

이 책은 서구 문화권에서 교육을 받고 비서구지역에서, 혹은 서구지역 내의 비서양문화권 학교나 다문화 학교에서 가르치거나 혹은 앞으로 가르칠 사람들을 위한 것이다. 이 책에서는 "서구"라는 표현과 "국외거주"(expatriate)라는 표현을 교차적으로 사용하는데, 그것은 "서구식 교육"을 받은 사람들이란 북미와 유럽인뿐만 아니라 한국인, 일본인 등 피교육자의 문화적 환경을 이해하지 못한 채 그들을 가르쳐야 하는 모든 예비 교사들을 아우르는 표현이기 때문이다.

성인을 가르치건 아이들을 가르치건, 가르치는 주제가 성경이건 영어이건 지역사회 개발이건 문화적 이슈와 장벽은 항상 출현한다. 이러한 관점에서 이 책은 몇 가지 목표를 설정하고 있다.

첫 번째 목표는 교육자들이 자신들의 고유한 교육 및 학습 문화를 이해하도록 돕는 것이다. 모든 사람은 문화를 가지고 있으며 신앙활동을 포함하여 자신들의 문화 유산과 관행을 지니며 이것들은 생활의 모든 영역에 배여 있다. 그런데 우리는 우리 자신의 문화적 정체성을 분명히 이해하지 못할 뿐 아니라 이 문화적 정체성으로 인해 다른 사람들을 제대로 수용하지 못하여 이들을 위해 제대로 봉사하지 못할 수도 있다. 이 사실을 인정하지 않는다면 우리는 이들을 결코 이해하지 못하며 이들을 효과적으로 섬기지 못하는 결과를 초래할 것이다.

두 번째 목표는 타문화권에서 가르치는 사역을 하는 사람들이 먼저 효과적인 학습자가 되어 교육자로 잘 준비되게 하고, 그럼으로써 그들이 교육 현장에서 잘 가르칠 수 있도록 돕는 것이다. 이를 위해 문화가 학교, 학습, 강의와 어떤 관련이 있는지를 깊이 검토할 것이다. 또한 학교가 더 큰 사회적 환경의 일부이며 이 환경이 배움과 가르치는 사역에 어떤 영향을 미치는지를 살펴볼 것이다. 이를 통해 교사들이 다른 사람들에 대한 이해를 가지고 자신들의 사고, 대인 관계 방식, 가르치는 방식을 적절히 조정할 수 있게 돕고자 한다.

세 번째 목표는 교사들이 성경적 관점과 예수 그리스도에 대한 믿음을 토대로 삼게 하고 동시에 타문화 환경에서 문화적 차이와 갈등을 통찰할 수 있게 하는 것이다. 성경은 문화를 초월하는 삶의 원리를 제시하지만 우리는 문화적 이해가 결핍되어 있어서 이러한 원리를 적절히 적용하지 못하는 경우가 많다. 그러므로 우리는 문화적 무지의 문제를 제대로 인식함으로써 타문화권에서 가르치는 사역을 할 때 이러한 무지로 인해 발생할 수 있는 문제들을 극복해야 한다.

네 번째 목표는 타문화권에서 가르치는 사역을 하는 사람들이 사역을 즐거워 하고 동시에 하나님이 부여하신 제자화의 사역을 감당하고 있다고 확신하게 해 주는 것이다. 이를 위해 실제적인 사례와 필자 자신의 사역 경험, 다른 사람들의 사역 경험을 사례로 들 것이다.

지난 30여 년 동안 나는 비서구권에서 사역한 많은 동료들과 함께 일해 왔다. 이들은 타문화에 대한 이해를 어느 정도 가지고 있지만, 어떻게 가르치는지에 대한 훈련은 거의 없었다. 이들은 어떻게 가르치는지 이미 알고 있다고 가정하고 있었다. 이 동료들의 도움으로 나는 효과적인 학습자, 교사, 예수 그리스도의 종이 되어 갈 수 있었고 이 책을 집필할 수 있었다. 특별히 "하계 언어 연수원"(Summer Institute of Linguistics, 성경번역 훈련단체)에 감사를 드리는데 세계 여러 곳에서 강의를 참관할 수 있게 해 주었고 필자와 많은 유익한 대화와 논의를 나누어주었다. 태국의 여러 SIL 동료들과 바이올라대학(Biola University)의 박사 과정 학생들의 도움에 감사한다.

이 책에 나오는 많은 사례들은 필자 자신의 경험과 여러 동료들의 경험에서 나온 것이다. 필자 자신의 경험과 학생들의 경험은 대부분 선교사들이 시작한 성경 학교와 신학교에서 일어났던 일들이다. 이 책의 공저자인 주디스 링겐펠터(Judy Lingenfelter)는 각 장에서 가르치기와 학습 부분을 집필했고 셔우드 링겐펠터(Sherwood Lingenfelter)는 성경적 고찰, 문화에 따른 학습 방법, 적용 부분을 담당했다. 이 책에서 "필자" 혹은 "나"라는 표현은 주디스 링겐펠터를 지칭한다.

역자 서문

이 책의 저자이신 링겐펠터 박사님 부부에 관하여 기억나는 일이 있다. 미국에 가서 공부한지 1년 정도 되었는데 풀러신학교에서 선교학 석사 과정의 마지막 과목을 셔우드 링겐펠터 박사님으로부터 들을 때였다. 박사님은 학생들을 집으로 초대하셨는데, 이것은 한국에서 역자가 경험하지 못한 일이었다. 학생들 각자가 음식을 한 가지씩 준비해 가서 서로 나누어 먹으며 교제하였다. 음식을 각자 가져오는 것 역시 역자에게는 생소한 일이었는데 미국에서는 일반적인 관습으로서 팟락(Potluck)이라고 불리웠다.

그런데 그 모임에는 한 가지, 자녀를 데려와서는 안 되었다. 역자는 두 살 난 아이를 주변에 맡기고자 애써 봤지만, 어디에도 맡길 수가 없었다. 할 수 없이 아내와 함께 아이를 데리고 링겐펠터 박사님 댁에 갔다. 박사님 내외분은 우리 가족을 따듯하게 맞아 주셨다. 아이를 데려온 사람은 우리밖에 없었다. 우리는 문화에 맞지 않게 행동한 것이었다. 우리 아이는 워낙 조용한 아이어서 큰 문제가 없으리라 생각했는데 아이가 그만 테이블에 있는 컵을 건드려서 컵이 바닥에 떨어져 깨지고 물과 유리조각이 흩어졌다. 얼마나 민망했는지 모른다. 사모님인 주디스 링겐펠터 박사님이 얼른 오시더니 엎드려서 바닥을 훔치셨다. 우리가 미안해 할까 봐 염려가 되셨는지 자신도 손자가 있다고 하시면서 괜찮다며 밝게 웃으셨다. 우리 부부는 두 분에게 참으로 감사하였다. 두 분에게는 문화를 뛰어넘는 사랑과 관용이 있었다.

역자는 미국의 교육환경에서 여러 가지 문화적 차이를 경험하였는데 이해하기 어려운 것들도 있었다. 예를 들면, 교수가 강의를 진행하고 있는데 학생이 햄버거와 음료수를 꺼내 먹는 것이었다. 역자가 한국에서 학생일 당시에는 상상하기 어려운 장면이었다. 교수들과의 관계에 있어서는 교수는 주로 학업과 관련된 문제에만 응답하는 것이 보통이고 건강이나 경제적 사정, 진로 문제 등 일신상의 문제는 꺼내기가 어려웠다. 이 책에서 저자는 서양 문화권에서는 교사의 책임을 주로 학업에 국한하지만, 비서구 문화권에서는 부모, 보호자, 상담자, 후원자의 역할까지 포함한다고 지적한다. 그러므로 비서구권에서는 이러한 역할을 교사가 거부하면 학생들로부터 신뢰와 존경을 받지 못하고 결국 효과적인 교사가 되지 못한다(제6장).

이 책은 문화가 다른 교육 현장에서 일어날 수 있는 여러 문화적 장애물들을 소개하고 있으며, 지식의 소유와 전달만으로는 참된 교육이 될 수 없고 무엇보다도 사람들의 문화적 특성을 인식하고 존중하며 자신의 방식을 학생들에게 강요하지 말고 그들에게 문화적으로 효과적인 방식으로 교육해야 한다고 지적한다.

 전 세계적으로 선교사역을 활발히 하고 있는 한국교회는 현지 지도자의 양성이 중요한데, 여기에는 무엇보다도 효과적인 교육이 필수적이다. 국내적으로 한국은 다른 문화권에서 온 사람들이 점점 더 많아지고 있고 이들은 교육을 필요로 하고 있다. 그들의 문화와 정서를 이해하고 존중하지 않으면, 그들은 우리가 제공하는 교육을 흔쾌히 여기지 않을 것이다. 이 책의 교훈을 통해 우리 모두가 타문화권에서의 성육신적 교육 사역에 새롭게 도전하고 풍성한 열매를 맺을 수 있기를 기도한다.

김만태 識

차례

Teaching Cross-Culturally

추천사 _ 5
서문 _ 11
역자 서문 _ 14

제1장 타문화권에서의 교육 _ 19
제2장 감추인 커리큘럼 _ 37
제3장 전통적 학습 전략 _ 51
제4장 공식 교육과 전통적 학습 _ 63
제5장 지능과 학습유형 _ 81
제6장 교사의 역할 _ 97
제7장 변화를 위한 교육 _ 117
제8장 잘못된 기대 _ 133
제9장 타문화권 교육 사역의 준비 _ 151

참고 문헌 _ 167
주제 색인 _ 171

타문화 사역과
교육
_____
TEACHING
Cross-Culturally

1
타문화권에서의 교육

    나는 교육자 집안에서 자랐으며 자연스럽게 집안의 전통을 따르게 되었다. 그래서 나는 학부에서 영문학을 전공하고 교사 자격증을 취득했다. 그 후 처음 교편을 잡은 곳은 학생들이 대부분 백인인 학교였는데 쉽지는 않았지만 교사직이 내가 가야 할 길임을 확신하게 되었다. 대학에서 훈련을 받았고 매일 가르치면서 가르치는 역량이 향상되었다.

    그런데 두 번째로 부임한 학교에서 나는 모든 것이 부서지는 경험을 하게 되었다. 이 책의 공저자이자 나의 남편인 셔우드 링겐펠터가 피츠버그대학(University of Pittsburgh)의 문화인류학 과정을 시작했고, 나는 피츠버그 시 남단에 위치한 맥키스포트(McKeesport) 중학교에 교사로 부임했다. 학생들은 대부분 흑인들이거나 구제에 의존하던 유럽계 제철 노동자들의 2세였다. 중산층 백인들은 직업을 바꾸고 자녀들을 위해 좋은 학교를 찾아서 이 도시를 떠나갔다. 전에 중학생들을 가르쳐봤기 때문에 이 학교에 온 것이 내게는 안성마춤이라고 생각했다. 그런데 빗나간 판단이었다! 기대와는 달리 학생들은 시험을 잘 치르지 못했고 어떤 학생들은 제 학년 수준보다 몇 년 뒤쳐져 있었으며 나는 많은 어려움을 만났다. 나는 어쩔 줄 몰랐다! 2년 후 나는 아이를 갖게 되어서 남편이 박사 과정을 마칠 때까지 임시교사로만 일했다. 힘든 시간을 견뎠고 몇 년이 지난 후에야 그렇게 힘들었던 이유들을 알게 되었다.

남편 셔우드는 얍(Yap) 종족이 사는 필리핀 인근의 서태평양의 작은 섬에 가서 박사 학위 논문에 필요한 현지 연구를 하게 되었다. 나는 첫 해를 현지인들의 언어와 문화를 습득하며 보냈는데 둘째 해에 초등학교 미국인 교장으로부터 교사로 일해 보라는 권유를 받았다. 여섯 문화, 스물 네명으로 된 학급은 9월부터 11월 사이에 이미 4명의 교사가 거쳐갔다. 교사들은 미국인들이자 주부였다. 이들은 공식적인 훈련을 받지 않은 사람들이었지만 영어를 구사하는 사람들이었다. 수업이 영어로 진행되기 때문에 1, 2, 3학년을 무난히 맡을 수 있으리라 본 것이었다. 뜻대로 되지 않자 교장은 나를 발탁했다. 초등학생을 가르쳐 본 적이 없었지만 적어도 나는 전에 교사였었다. 잘 될지도 모를 일이었다.

이 경험이 교육에 대한 나의 이해를 완전히 바꾸어 놓았다. 그 때 나는 미국 교과서를 사용하고 미국 수업 방식을 썼는데 생각한 대로 결과가 나타나지 않았다. 학생들은 모든 것을 서로 도와가며 했고 혼자서 하는 경우는 거의 없었다. 개개인이 충분히 능력이 있는데 나의 질문에는 그룹으로서 대답하는 경우가 대부분이었다. 학급에 5명의 미국 학생이 있었는데 그들은 모든 일이 "제대로" 돌아가지 않아 늘 짜증이 났다. 현지 학생들은 놀이터에서 서로 머릿니를 잡아 주었다. 그러나 미국 학생들은 이것을 아주 "불결한" 일로 여겼다. 미국 학생들은 질문에 답하기 위해 손을 들었는데 얍 족 학생들은 이것을 어리석은 일이라고 생각했다.

미국 학급과 얍 족 학급 사이의 차이점이 학년 마지막 주간에 뚜렷이 드러났다. 나는 월요일에 몸이 안 좋은 상태에서 학교에 갔고 칠판에 학년을 마치기 전에 우리가 해야 할 것들을 적어 놓았다. 학교에는 청소부가 없었고 교사들이 학급 관리를 책임졌다. 다음 날 나는 학교에 갈 수 없었다. 전화도 없고 교장에게 연락할 다른 방법이 없어서 미리 말하지 못했지만, 교장이 교실 밖에서 기다리는 학생들을 집으로 돌려 보낼 것으로 나는 생각했다. 당시에 대리 교사가 없었다.

그런데 교장은 오전 9시에 교실 문을 열고는 학생들이 안에서 나를 기다리게 했다. 그는 내가 교통 사정으로 늦는 모양이라고 생각했다. 그리고는 10시 30분이 되도록 교장은 깜박 잊고 있었다. 교실 문을 닫으려고 갔다가 학생들이 부지런히 교실을 청소하고 칠판에 적혀 있는 사항들을 실천하고 있는 것을 보았다. 교장은 어리둥절해서 학생들에게 말했다.

"주디스 선생님이 오늘 못 오시는 것 같다. 그러니 이제 집으로 가거라."

그러나 학생들은 의외의 대답을 했다.

"갈 수 없어요. 우리는 아직 다 못 끝냈어요!"

다음 날 아침 이 이야기를 들었을 때 나는 이 학급과 내가 전에 미국에서 가르쳤던 학급을 비교하게 되었다. 전에 독립적 사고에 대하여 가르치면서 나는 자부심을 가졌었는데 이 얍 족 학급은 내게 상호의존을 가르쳐 준 것이다! 초등학교 1, 2, 3학년일 뿐인데 미국의 고등학교 학생들보다 더 책임성과 그룹의 책무를 중요시하고 있었다. 슬프게도 나는 이것을 가르치지 않는 사람이었다!

얍 족 사람들 속에서 생활하고 가르치면서 내 안에 깊은 변화가 있었고 내가 생각하던 교육 과정을 수정하게 되었다. 이 학생들은 학생들과 교사의 관계, 학생들간의 관계에 대하여 그리고 학급 안에서의 상호작용에 대하여 새로운 패러다임을 내게 소개해 준 것이다. 이 경험을 통해서 나는 상이한 문화 환경 속에서의 교육과 학습에 관심을 갖게 되었고 연구하게 되었다. 피츠버그대학에서 석사 과정을 마치고 1979년에 얍 족 사람들에게로 돌아가 1년간 얍 족 고등학교에서 교육과 학습의 문화적 특성을 보다 깊이 관찰하였다. 남편 셔우드와 나는 "국제 하계 언어 연수원"(SIL International)과 다른 선교 기관에서 문화체계, 학습유형, 문화적 의사소통 분야의 연구조사자와 자문역으로 섬겼다. 얍 족 사람들 속에서 교사로서 일한 이래 나는 세계 여러 곳에서 학급들을 관찰하고 가르치는 기회들을 가졌다. 흥미진진한 여행이었다. 내가 이해하고 있다고 생각했을 때마다 새로운 것들을 만나서 놀라곤 했다. 열정이 있다는 표식은 바로 새로운 생각과 배움을 추구하는 데에 있다.

1. 학교의 문화적 환경

 펜실베니아 주의 맥키스포트에서 중학생들을 가르치면서 내가 겪은 어려움과 좌절은 되돌아보면 학교 문화를 제대로 이해하지 못한 때문이었다. 나는 필라델피아 동남부 지역의 중산층 가정에서 성장했고 초등학교부터 대학까지 주로 중산층 환경에 있었다. 일리노이스 주의 롬바드(Lombard)에서 처음으로 교편을 잡았을 때 이 학교는 중산층 중학교였다. 이곳에서의 교직생활은 쉬웠다. 나의 문화적 배경과 학교의 문화가 자연스럽게 맞았고 나는 성공적으로 교사 활동을 했다.
 맥키스포트의 중학교에서는 이야기가 달랐다. 이 학교의 교사들과 교장은 중산층 배경을 가졌지만 학생들은 도심에서 왔고 사회복지 혜택을 받는 흑인 가정이거나 흑인 노동자 가정 및 이민자 가정 자녀들이었다. 당시에 나는 학생들이 자신들의 문화적 습관과 기대를 가지고 학교에 온다는 것을 이해하지 못했었다. 하지만 그 후 나는 미국 도심에서의 학교 교육은 다문화적 환경이라는 것을 깨닫게 되었다. 그리고 이러한 환경 속에서는 타문화를 이해해야만 효과적인 교사가 될 수 있다는 것도 깨달았다.
 맥키스포트 중학교에서 나는 학생들의 문화에 맞춰 가르치기보다는 "올바른" 학교 교육을 그들에게 가르치려고 했었다. 이것은 미국 학교에서 일반적인 방식이었다. 얍 족 사람들이 거주하는 섬에 있는 미국 학교에서도 마찬가지였다. 이 학교의 주요 목적은 얍 족 어린이들에게 미국 교육 문화를 가르치는 것이었다. 우리는 학급 일정과 교사의 역할, 묻고 답하는 교습 방식을 전수했다. 우리는 우리 음식문화를 전해 주기도 했다.

얍 족 학교에서 초등학교 1학년부터 3학년까지를 한 학급에서 가르친 경험은 나로 하여금 교사로의 역할과 활동을 다시 생각하게 했다. 처음에는 세 학년을 한 학급에서 가르칠 수 없다고 생각했다. 그러나 학생들은 기꺼이 나의 협력자가 되었다. 나이가 위인 학생들은 어린 학생들이 배울 수 있도록 도왔다. 학생들은 문화적 차이와 협동의 방식을 이해할 수 있도록 나를 도와주었다. 이 초등학교에서 내가 가르친 것만큼이나 많은 것을 내 자신이 배웠다.

1977년 이래로 나의 남편 셔우드와 함께 남미와 아프리카, 아시아에서 워크샵을 인도했다. 참여자들은 선교사와 현지 교회 지도자들이었는데 이들은 다양한 문화적 배경을 가지고 있었다. 얍 족 초등학교에서 배운 교훈들이 이 워크샵에서 아주 유용했다.

모든 훈련 및 교육 상황은 문화적 환경을 내포한다. 학교를 운영하는 조직체에는 특유한 문화가 배어 있다. 이 조직의 문화적 특성이 반영되어 교과과정, 시간계획, 학업의 구성이 결정된다. 단 하나의 문화적 관점으로 교육을 할 수도 있겠지만, 다양한 문화적 환경을 인식한다면 교사들은 더 효과적인 교육을 할 수 있다.

타문화권에서 효과적인 교사가 되려면 먼저 사람들의 문화적 특성을 인식하고 존중해야 한다. 우리가 아프리카에서 협력사역에 대한 워크샵을 하면서 참석자들을 선교사와 아프리카인 두 그룹으로 나누어 앉게 한 적이 있다. 각 그룹에게 협력사역을 정의

해 보고 나와서 칠판에 적어보라고 했다. 참석자들은 협력사역에 대하여 서로의 관점이 얼마나 다른지를 알게 되었다. 이러한 차이를 인식하면서 참석자들은 보다 효과적으로 배울 수 있었다.

교사의 역할은 학생들이 잘 배울 수 있도록 최적의 환경을 만드는 것이다. 워크샵을 통해서 서로의 차이를 이해하고 동시에 영적 헌신이라는 공동적 토대가 있음을 확인하였다. 나는 촉매자 역할을 하며 참석자들로 하여금 공동적 헌신에 초점을 두게 하였는데, 이 시간은 참석자와 필자가 함께 배우는 기회였다.

어느 수준의 교육이든지 문화적 환경은 아주 중요하다. 초등학교든지 중고등학교든지 신학교든지, 미국에서든지 아프리카에서든지 교사들은 문화적 이슈들을 만나게 되어 있다. 학생들은 항상 자신들의 문화를 학교에 가져온다. 교사들은 흔히 자신들의 문화를 학생들에게 강제하고 자신들의 교과과정을 따르라고 요구한다. 이 책은 문화적 존재로서의 학생들의 특성을 보다 깊이 이해하도록 돕고 이들이 배우고 성장할 수 있는 교육 환경을 만들어 갈 수 있도록 도울 것이다.

2. 권위를 소유한 교사

당신이 시험에 낙제했거나 기대보다 낮은 점수를 받을 경우 교사의 권위를 실감할 것이다. 교사가 학생들에 대하여 힘을 가지고 있다는 것을 인정하는 것이 중요하다. 이 힘은 교사의 권위에서 나오는데 하나는 역량적 권위(skill authority)이고 다른 하나는 역할적 권위(role authority)이다.

교사들의 역량적 권위는 그들이 교사가 되기 위해 받은 특별한 교육과 준비에서 비롯된다. 대부분의 교사들은 학생들보다 훨씬 높은 수준의 교육을 받았고 특정 분야의 전문가로서 수년간의 강의 경험과 연장교육을 통해 전문성을 쌓았다. 따라서 교사들은 교육과 역량에서 나오는 권위를 가지고 교실에 들어온다.

또한 교사들은 역할에서 나오는 특별한 권위를 가진다. 교사는 교실에서 가르치는 내용들을 설정하고 교육 일정을 정하며 하루하루의 학습 주제들을 계획하고 학생들을 평가하는 기준을 세운다. 교사는 학생들의 학업에 대하여 긍정적 또는 부정적 평가를 내린다. 교사는 이 이상으로 통제력을 가지는데 학생들을 줄 서게 하고 차례를 지키게 하며 조용히 할 것을 요구한다. 이러한 규칙들이 내면화되어 성인이 되었을 때는 교사의 지시가 없어도 지킨다. 교실에서 요구되는 행동을 자동적으로 하게 되는 것이다. 공책과 펜을 가져오고 시험에 대비하며 몸이 불편하더라도 제자리에 참고 앉아 있으며 이의없이 교사의 지시를 따른다.

교사들은 학생들에게 중요한 것들을 좌우하므로 힘이 있다. 성적과 졸업, 취업에 영향력을 끼치기 때문이다. 이러한 힘의 작용이 학급에 영향을 미친다.

교사와 학생은 각자의 의지를 가지고 교실에 온다. 학생들과 교사들은 서로의 의지가 경합을 하는 관계 속에 있다. 교사는 학생들을 인정하거나 꾸짖고 격려하거나 격하시키고 세우거나 무너뜨

린다. 학생들은 교사의 권위에 순종하거나 불복하고 수용하거나 대립한다. 의지의 작용을 통해 학급에서 교사와 학생들, 학생들과 학생들 간의 관계가 형성되고 분위기가 조성된다.

이러한 힘의 문제에 문화적 차이가 합쳐질 때 오해와 갈등이 일어날 가능성이 있다. 교차문화 환경 속에서 크리스천 교사들은 그리스도를 높이고 성령충만해야 할 책임이 있다. 크리스천 교사들은 효과적인 교사가 되려면 힘의 문제를 중요하게 다루어야 한다.

3. 궁전이자 감옥인 문화

이미 언급했듯이 처음으로 교편을 잡은 곳은 중산층 환경이었고 필자와 문화적으로 공통점이 많았다. 교사로서의 나의 재능을 확인하였고 학생들을 자라게 한다는 보람이 있었다. 이 환경 속에서 나의 문화는 제 역할을 했다. 나는 학생들의 기대를 잘 이해했고 학생들은 나의 기대를 잘 이해했다. 따라서 서로 관계가 좋았고 보람된 시간이었다.

두 번째로 교사직을 했던 곳은 훨씬 힘들었다. 학생들은 나를 좋아하지 않았고 나는 학생들을 이해하지 못했다. 교실에서 항상 힘의 문제로 씨름했다. 나는 학생들에게 나의 일정표를 따르라고 주장했고 내 방식대로 학생들을 대했다. 학생들은 저항했고 나를 괴롭게 했다. 나나 학생들이나 우리 모두가 우리 자신의 문화 속에 수감되어 있다는 사실을 알지 못했다. 나는 내가 과거에 경험한 방식, 첫 학교에서 성공적이었던 방식을 이 학교에서도 그대로 적용하려고 했다. 내 생각에 학생들은 괜히 나의 방식을 거부하는 것 같았는데 실은 그들이 내 방식을 강제적이고 따분하고 무심하다고 생각한 것이다.

우리의 갈등은 이제 힘의 경쟁이 되었다. 나는 저항하는 학생들을 교장실로 보냈다. 교장은 어떤 경우 학생을 퇴학 조치했다. 다른 학생들은 나의 굽히지 않는 의지에 할 수 없이 따랐다. 어떤 학생들은 나의 마음을 아주 아프게 해서 나는 울면서 집에 돌아갔다. 학생들 역시 마음이 상해서 집에 돌아가 부모 앞에서 눈물을 흘렸으리라 짐작된다.

문제는 무엇이었는가? 우리 자신의 문화권 속에 있을 때는 우리의 문화가 기능을 잘 한다. 경쟁하는 다른 목소리가 없으면 궁전과 같고 편안하고 질서있는 삶을 영위한다. 그러나 우리 문화 영역 밖으로 나가면 우리의 문화는 감옥이 된다. 우리는 사물을 보는 다른 방식, 다른 행동 방식이 있다는 것을 보지 못하고 우리의 방식만이 합당하다고 가정해 버린다. 우리의 규칙을 깨는 사람들을 만나면 분노하고 우리의 방식을 그들에게 강요한다. 이러한 경우 더 큰 힘을 가지고 있는 사람이 다른 사람들에게 자신의 문화적 방식을 강제하고 따르라고 요구한다.

셔우드 링겐펠터의 책(1998)에서 언급되었듯이 우리 모두는 우리 자신의 문화라는 감옥 속에 갇혀있다. 우리 자신의 문화가 여러모로 유용할지라도 그 문화에 너무 밀착되어 있어서 다른 사람들의 방식을 인정하지 않는다. 우리는 다른 사람들도 우리 방식대로 할 것이라고 가정하고 그들의 행동을 우리의 가치기준과 사고방식대로 해석한다. 우리는 문화적 차이를 보지 못하고 왜 다른 사람들이 우리와 다르게 생각하고 행동하는지 질문조차 하지 않는다.

4. 예수: 위대한 교사

크리스천 교육자로서 우리는 성경에 나타난 예수 그리스도와 사도들의 가르친 원리와 가치들을 토대로 사역해야 한다. 예수님은 위대한 교사이시며 효과적인 교육의 원리와 본을 보여 주신다.

> 그는 근본 하나님의 본체시나 하나님과 동등됨을 취할 것으로 여기지 아니하시고 오히려 자기를 비워 종의 형체를 가지사 사람들과 같이 되셨고(빌 2:6-7).

예수 그리스도의 성육신은 타문화권에서의 교육 사역에 결정적인 원리를 제공한다.

누가복음 2:41-52은 예수님이 배우는 자로서 어린 시절을 시작하셨음을 알려준다. 예수님은 부모, 친척과 함께 예루살렘에 가셨다가 더 배우기 위해 성전에 남으셨다. 예수님의 부모는 애타게 예수님을 찾아 다녔는데 "사흘 후에 성전에서 만난즉 그가 선생들 중에 앉으사 저희에게 듣기도 하시며 묻기도" 하는 것을 보았다.

우리는 여기서 "하나님의 본체"인 청년 예수가 당시 문화의 전문가들 중에 앉아서 배우는 점을 주목해야 한다.

예수님이 듣고 질문하셨다면 우리도 마찬가지로 해야 하지 않는가? 나는 얍 족 사람들 속에서 살면서 이와 같은 모델을 따라서 이들 문화를 잘 알고 있는 사람들의 말에 귀를 기울이고 질문을 했다. 다른 문화 속에 들어가는 가장 효과적인 방법이 그 문화의 전문가를 우리의 교사로 삼는 것이란 사실을 나는 배웠다.

예수님의 부모인 마리와 요셉은 놀라워 하며 예수님의 행동에 대하여 의아해 했다. 성경은 다음과 같이 말씀하고 있다.

> 예수는 그 지혜와 그 키가 자라가며 하나님과 사람에게 더 사랑스러워 가시더라(눅 2:52).

이것은 예수님이 당시 문화에 대한 지식과 관습을 익히셨는데 이를 통해 사람들과 하나님께 인정을 받으셨음을 뜻한다.

예수님의 생애를 보면 당시의 문화방식에 통달하셨다는 것을 알 수 있다. 예수님의 교훈들에는 성경과 당시의 경제, 사회 생활, 비유들이 많이 사용되었는데 그것은 예수님이 당시 사람들의 생활 방식을 깊이 이해하신 것을 보여준다. 예수님의 강의실은 가정, 배, 해변, 평야, 언덕, 길가 등 다양했다. 예수님은 일, 가족, 공동체, 종교 생활 등을 예로 들며 가르치셨다. 실제적인 예들을 사용하셨고 병자를 치료하시고 악한 영을 쫓으시며 깨어진 관계와 깨어진 가정 가운데 있는 사람들에게 말씀하셨다. 예수님은 제자들을 그들의 일터에서, 회당에서, 그리고 공적인 토론장에서 만나셨다. 어느 장소에서든지 자신과의 관계, 하나님과의 관계, 세상과의 관계에 대한 새로운 방식을 사람들에게 효과적으로 가르치셨다.

성경은 다음과 같이 말씀하고 있다.

> 자기를 비워 종의 형체를 가지사 사람들과 같이(빌 2:7).

이것은 예수님이 100퍼센트 하나님이자 100퍼센트 사람이셨음을 뜻한다. 예수님은 200퍼센트의 존재였다. 예수님은 부모인 마리아와 요셉에게 순종하셨고 영원한 아버지 하나님께 순종하셨다. 그분은 존경받는 유대인 랍비로 사셨으며 동시에 하나님 아버지에 의해 선교를 위해 보내심을 받은 인자로 사셨다. 그분은 하나님 아버지께 순종하여 배반을 당하고 십자가의 죽음을 받아들이셨다.

이것은 타문화 속에서의 교육 사역에 어떤 시사점을 던져 주는가? 셔우드 링겐펠터(1986)가 언급했듯이 예수님은 우리 모두가 따라야 할 모범이시다. 바울은 에베소서에서 이 점을 분명히 한다.

> 사랑을 받는 자녀 같이 너희는 하나님을 본받는 자가 되고 그리스도께서 너희를 사랑하신 것 같이 너희도 사랑 가운데서 행하라 그는 우리를 위하여 자신을 버리사 향기로운 제물과 희생제물로 하나님께 드리셨느니라(엡 5:1-2).

예수님이 유대 세계 속에 탄생하신 것처럼 우리가 다른 문화 속에 태어나는 것은 불가능하다. 우리는 대부분 성인이 된 상태로 다른 문화 속에 들어가서 가르치는 사역을 한다. 그러나 우리는 예수님처럼 배우는 자로서 시작해야 하며 잘 듣고 질문해야 한다. 우리의 책임은 사람들을 사랑하는 것이고 효과적인 그리스도의 종이 되려면 우리의 정체성의 일부를 포기해야 하며 우리의 가치를 일부 포기해야 한다.

5. 성육신적 교사: 150퍼센트 사람

나는 타문화권에서 사역하는 사람들은 150퍼센트의 인간이 되어야 하는데, 즉 75퍼센트는 자신의 출생 문화가 되어야 하고, 나머지 75퍼센트는 사역지 문화에 성육신되어야 한다고 주장했다(Sherwood 1986). 이 책의 공동 저자인 주디스와 나는 미국의 백인 중산층 가정에서 성장했다. 우리는 우리의 문화에 대한 긍지가 있었고 부모를 존경했으며 미국의 생활 방식을 좋게 생각했다. 우리는 청소년 시절에 예수님을 영접했고 교회에 출석했다. 우리는 기독교 대학에서 학사 학위를 받았고 박사 학위는 일반대학에서 받았다. 우리는 계속해서 우리의 문화를 따르도록 학습을 받았다. 그런데 1960년대 말에 얍 족(the Yap)의 섬에 가서는 갑자기 미국 문화는 줄이고 얍 족의 문화를 늘려야 했다.

타문화권에서 가르치는 사역을 할 때 자신의 문화는 줄이고(75

퍼센트) 현지 사람들의 문화를 취해서(최대 75퍼센트) 150퍼센트의 사람이 되는 것이 이상적이다. 우리는 결코 우리 부모의 자녀이기를 중단할 수 없고 우리 문화의 후손이기를 그칠 수 없다. 그러나 새로운 문화 속에서 효과적으로 사역하려면 우리의 생활방식이 아닌 새로운 행동방식들을 익혀야 한다. 예를 들면, 얍 족 섬에 살면서 우리는 시간과 대인관계에 대하여 다른 관점과 가치를 배워야 했다. 얍 족인들이 위기에 대처하는 방식이 우리와는 상당히 달랐고 우리는 그들의 방식에 적응해야 했다.

차이점을 배우는 것은 늘 스트레스가 되는데 그 이유는 배움이 교실에서가 아니라 일상생활에서 일어나기 때문이다. 우리는 실수를 통해 배웠고 사람들이 우리로 인해 아픔을 겪는 것을 보고 배웠다. 보고 듣고 질문하면서 배웠다. 사람들의 일상생활과 곤경에 참여함으로써 배웠다. 얼마 안 가서 우리는 우리의 가치와 관행을 포기하고 우리에게 생소한 새로운 방식을 취하게 되었다. 새로운 환경에서 성공하려면 우리는 새로운 문화적 방식을 취해야 한다.

이 장의 시작 부분에서 언급했듯이 얍 족 학교에서의 초등 교사직을 수용했을때, 나는 이미 1년 이상 얍 족 사람들 속에 살면서 그들의 언어를 배운 상태였다. 그 마을에서 살아 본 경험으로 인해 나는 처음에 섬에 도착했을 때와는 다르게 아이들을 볼 수 있었다. 나는 아이들의 반응을 해석할 수 있는 안목을 가지고 있었고 문화적 차이를 메우고 아이들이 함께 배울 수 있는 창의적인 방식을 고안할 수 있었다.

나에게 일어난 가장 중요한 변화는 더 이상 미국에서의 교사 경험과 정체성을 고집하지 않게 된 것이었다. 상당 부분 얍 족인들의 습관과 행위들을 채택했기 때문에 나의 문화적 정체성이 변했다. 새로운 습관과 행위를 수용함으로써 학생들에게 적절히 응답할 수 있었고 미국에서와는 다른 방식으로 학생들을 이끌 수 있었다. 나는 적어도 120퍼센트의 사람이 되었는데 80퍼센트는 미국인, 40퍼센트는 얍 족인이었던 것 같다. 미국에 있었을 때보다 교사로서의 나의 역할이 훨씬 복잡하고 다양했다. 학생들의 행위와 가치를 두 가지의 문화적 틀로 이해했는데 하나는 미국의 틀로 이해하는 것이고 다른 하나는 이제 얍 족인들의 틀로 이해하는 것이었다. 이 두 가지 틀을 이해함으로써 나는 교사라는 힘으로 학생들을 나의 방식에 복종케 하려는 유혹을 이길 수 있었다. 나는 학생들이 자신들의 문화적 환경 속에서 배우고 성장하도록 돕는 최상의 방식을 찾으려고 했다.

하나님의 독생자인 예수님은 무한한 능력이 있으셨으나 그 힘을 자신의 유익과 목적을 이루기 위해 사용하지 않으셨다. 예수님은 제자들에게 세상의 방법은 다른 사람들에게 짐을 지우는 것이라고 말씀하시면서 친히 제자들을 섬기셨다. 마지막 만찬에서 예수님은 제자들의 발을 씻기시면서 본을 따르라고 도전하셨다(요 13장).

이 책은 예수님의 성육신적 교사로서의 모범을 중요하게 다룬다. 우리의 문화적 관행, 일하는 방식, 가치를 언제 포기해야 하는지를 살펴볼 것이다. 또한 우리가 가르치고 섬기는 사람들의 방식과 가치, 대인관계 성향을 언제 취해야 하는지를 살펴볼 것이다.

우리는 우리 자신의 민족성을 버릴 수는 없지만 그 이상으로 배울 수는 있다. 이 책은 독자들이 타문화 환경에서 가르치는 사역을 할 때 만나는 문화적 차이와 문화의 특성이라는 문제를 이해하고 분별하도록 도와줄 것이다. 그리고 학생들 및 동료 교사들과의 관계 속에서 발생할 수 있는 갈등의 소지들을 파악할 것이다. 나는 성경적 원리, 특히 예수 그리스도의 삶과 사역 속에 나타나는 원리들을 주목하는 가운데 여러분과 여러분이 섬기려는 사람들 간에 존재하는 공통적인 영적 토대를 발견할 수 있기를 소망한다. 마지막으로 여러분은 효과적으로 배우고 가르칠 수 있는 전략들을 습득할 것이다.

타문화 사역과
교육

TEACHING
Cross-Culturally

2
감추인 커리큘럼

스키 강습 비디오를 본 적이 있다. 스키를 처음 배우는 사람들의 두려움을 표현하기 위해 이 비디오는 『걷는 법』(How to Walk)이라는 제목의 책을 아기가 풀밭에 혼자 앉아서 읽고 있는 장면으로 보여 주었다. 논리적으로 보자면 아기는 이제 겨우 서서 걸어 보려고 애쓸 것이다. 나는 이 비디오를 제작한 사람의 문화적 편향성에 놀라고 말았다. 아기는 홀로 앉아서 교본을 보며 복잡한 과제를 해결하려고 했다. 때때로 어른의 손이 나타나서 아기를 도와주긴 했으나 이 비디오는 학습자가 스스로의 힘으로 배워야 한다는 메시지를 전하고자 한 것이었다. 이 비디오는 물론 유머스럽게 만들어진 것이지만 배움의 짐은 개인에게 있으며 도움이 마련되어 있긴 하지만 그것을 요청해야 한다는 미국의 학습 문화를 잘 보여 준 것이다. 미국에서는 보통 물어보는 것은 자존심 상하는 일이기 때문에 보통 교본을 먼저 찾는다.

얍 족의 경우 아이들은 혼자 있는 일이 거의 없다. 아이들은 손위 가족이나 어른들과 항상 함께 있으며 학습은 언제나 공동적 과정이다. 태어날 때부터 얍 족 아이들은 사회적 관계 속에서 그룹에 대한 소속감과 그룹의 기대감을 충족시킬 것을 배운다. 이러한 훈련의 결과로 아이들은 어른들이 하는 것을 관찰하고 모방해서 배우는 것이며, 연장자들에게 질문을 해서는 안 된다. 때로 어른들은 아이들에게 직접적인 가르침을 주기도 하지만 대부분 한 아이가 아니라 한꺼번에 여러명에게 강연을 하는 방식을 사용한다.

얍 족 아이들은 입학 연령이 될 때까지 이미 생활과 세상에 대한 지식을 많이 습득한다. 얍 족 초등학교 아이 둘과 함께 학교 앞을 걸어 본 적이 있다. 길가에 있는 각종 꽃들을 가리키며 이름을 내게 물었다. 도시에서 자랐기 때문에 나는 식물에 대해서는 아는 것이 거의 없었다. 한 아이가 나를 돌아 보면서 내게 크게 말했다.

"선생님의 어머니는 선생님에게 아무 것도 가르치시지 않았나 보죠?"

얍 족 성인들과는 대조적으로, 미국의 중산층 백인 부모들은 자녀들을 개별적으로 대하고 개별적으로 학습의 성취도를 측정한다. 예를 들면, 나와 남편은 우리 딸 제니퍼가 잠 자기 전에 책을 읽어 주었다. 책을 읽으면서 "공은 무슨 색깔이었지?" "돼지는 어떤 소리를 내지?" "비가 오자 거미가 어디로 갔지?" 와 같은 질문을 제니퍼에게 했다. 이렇게 해서 제니퍼가 본문에서 의미를 찾도록 했고 모르는 것은 우리에게 질문을 하게 했다. 일찍부터 제니퍼는 질문하고 자기 주변에 있는 것들을 관찰하고 어른들의 대화 상대자가 되는 것을 배웠다. 미국 백인들은 아이들이 철자를 익히고 책을 읽고 비디오와 음악에 대한 지식을 얻는 것이 어른들의 일상과 행위를 모방하는 것보다 훨씬 중요하다고 여긴다. 부모들은 학습이 더딘 아이는 다른 아이들을 따라 갈 수 있도록 그 아이에게 특별한 노력을 기울이기도 한다.

1. 도전: 단일 문화적 사고

조지 스핀들러(George Spindler 1987)는 문화 사례들을 조사하여 각각의 문화적 배경에서 아이 양육 방식과 추구하는 성인 이미지와의 관련성을 연구했다. 북미 인디언인 하노(the Hano) 족은 의례를 통해 아이들을 가르치고 아홉 살이 되면 의례를 통과해야 한다. 에스키모인들의 경우 아이들은 이른 시기부터 책임이 지워지며 어른들의 일에 참여한다. 아이들은 행하고 관찰함으로써 배우며 어른들은 지속적으로 아이들을 훈계하고 감독한다. 스핀들러의 연구결과에 따르면 각 문화마다 고유한 교육 방식과 사회화 방식이 있다는 것이다.

우리 딸이 얍 족의 문화 전통 속에서 사회화되는 것을 보면서 나이가 위인 아이가 그보다 어린 아이에 대해 항상 책임을 지는 것을 알게 되었고 아이들이 일찍부터 독자적인 행동을 하는 것도 알게 되었다. 동네 아이들이 날카로운 칼을 만지는 것이 보통이었는데 어느 날 딸이 오싹할 정도로 큰 칼을 손에 쥐고 있는 것을 보았다. 나는 놀랐지만 신경질적으로 반응하지 않으려고 애썼다. 얍 족 사람들에게 칼은 생활 필수품이었는데 물건을 자르고 코코낫 열매를 쪼개고 때로는 손톱 소제를 하는 등 아이들은 일찍부터 칼 사용법을 배우는 것이었다.

나는 또한 아이들이 일찍부터 그룹 정체성을 가지는 것을 보았다. 아이들은 어른들과 함께 앉아서 저녁 늦게까지 어른들의 이야기를 듣는다. 아이들은 어디서든지 잠이 들곤 하며 엄마들은 아이들을 안으로 들여서 자게 하는데 가족들이 함께 잔다. 우리는 합판과 양철 지붕으로 된 작은 집에서 살았는데 양쪽 끝에 침실이 하나씩 있었고 가운데에 거실이 있었다. 우리는 두 살된 딸 제니퍼가 자기 방에서 혼자 자는 것을 자랑스럽게 생각했다. 분명히 얍 족 엄마들은 우리가 아이 혼자 자게 하는 것은 아주 잔혹한 행동이라고 생각했을 것이다. 얍 족 마을에서 1년을 살면서 제니퍼는 자기 방에 가서 자지 않고 건너편 아이 집에 가서 자게 해 달라고 졸랐다. 제니퍼는 그룹의 일원이 되고 싶은 것이었다.

얍 족 마을에 살게 되면서 나는 비로소 아이 양육 방식의 차이가 색다른 성인을 만들어낸다는 것을 깨달았다. 얍 족이나 미국, 어느 한 방식이 타당하다는 것이 아니라 사람들의 일상생활을 관찰하고 참여하여 왜 그러한 선택을 하는지 이해하는 것이 중요하다. 앞에서 얍 족 학생들이 스스로 서로 도와가며 함께 교실을 치우고 정리한 사례를 말했었다. 당시 나는 얍 족 아이들이 어려서부터 그러한 훈련을 받은 것이 교실에서 나타난 것이라는 사실을 제대로 이해하지 못했었다.

　후에 교수 생활을 할 때 내 교수 방식이 바뀌었는데 이는 얍 족 학교에서의 경험의 영향이었다. 얍 족의 문화를 접하지 않았다면 후에 얍 족에 대하여 강의하는 것은 불가능했을 것이다. 교사가 해야 할 첫 번째 일은 환경과 문화를 흡수하는 데 시간을 들이는 것이다. 이를 통해 교실에서의 학생들의 행동과 가치를 이해할 수 있다. 그런데 교사들은 보통 현지에 도착하자마자 자신이 해야 할 일을 이미 알고 있다고 생각하고 나중에 비로소 관찰하고 배우려고 하기도 하지만 이미 때가 늦은 경우가 많다.

2. 문제: 감추인 커리큘럼(Hidden Curriculum)

　얍 족 학교에서 가르친 경험으로 인해 나의 교육에 대한 이해가 넓어졌다. 맥키스포트(McKeesport) 학교에서 문화적 차이를 경험하고 당혹해 했지만 얍 족 섬에서의 경험은 필립 잭슨(Philip Jackson 1968)의 "감추인 커리큘럼"이라는 개념이 뜻하는 바를 이해할 수 있게 되었다. 필립 잭슨은 학교에서의 학업은 항상 문화적 상황 속에서 발생하며 "감추인 커리큘럼"을 이해해야 배움이 제대로 이루어질 수 있다고 주장했다.

　교육을 문화 전달의 과정이라고 본다면, 공식적인 학교 커리큘럼은 아주 작은 부분일 뿐이다(Spindler 1987, 그림 2-1). 교육자로서 우리는 모든 힘을 학교에 쏟지만 보다 넓은 의미로서 교육환경은 배움에 초점이 있어야 한다. 감추인 커리큘럼은 학교의 "공식적 커리큘럼"(stated curriculum)이 아닌 그 문화에서 고유한 학습 방법을 가리킨다.

문화적 학습에 대한 최근의 연구에 따르면 특정한 주제들이 공통적으로 나타나는데 그 중의 하나가 동등성의 문제이다. 교사들은 여학생보다 남학생을 더 많이 호명한다. 한 기숙사 학생들이 어떤 아시아계 여학생을 무시했는데 그것은 그 여학생의 영어 액센트가 이해하기 어려웠기 때문이다. 교사들은 갈색 눈을 가진 학생들보다 파란 눈의 학생들을 더 많이 호명한다. 내가 교육자로서 훈련을 받을 때 교수들은 공식화된 커리큘럼만 다루었고 문화적 전달이라는 더 큰 범위는 생각지 않았다. 맥키스포트 학교와 얍족 학교에서 경험했듯이 공식적인 커리큘럼을 효과적으로 가르치려면 감추인 커리큘럼을 알아야 한다. 감추인 커리큘럼은 문화적 가치를 수반한다. 이러한 이해가 없으면 공식적인 커리큘럼을 제대로 가르칠 수가 없다.

그림 2-1 문화 전이로서의 교육

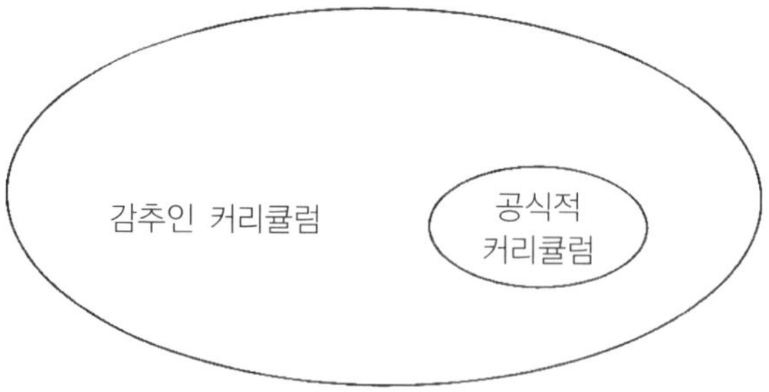

3. 논리: 다른 문화의 관점을 적용하기

타문화권에서 효과적으로 가르치려면 문화적 관찰을 통해 얻은 통찰을 교실에서 실제적으로 어떻게 적용해야 하는지를 알아야 한다. 그레고리 베잇슨(Gregory Bateson 1972)은 자신의 논문에서 교육과 문화의 관계에 대하여 중요한 시사점을 제시했다.

표 2-1 학습의 단계(Bateson 1972, 279-308)

학습 단계	시행착오를 통한 교정	행동의 변화
0	없음	없음
1	기존 환경 속에서의 교정	기존의 대안 개선된 행동
2	새로운 환경 속에서의 대안 새로운 환경 속에서의 교정	새로운 대안과 옛 대안 새로운 행동 새로운 환경에서의 효과

베잇슨은 모든 학습은 시행착오를 포함한다고 지적했다. 실수의 유형과 실수를 교정하는 조치들을 연구한 결과로서 세 단계의 학습 과정을 밝혀냈다. 0의 단계, 1의 단계, 2의 단계이다(표 2-1).

0의 단계에서는 시행착오에 대한 교정이 없다. 예를 들면, 오래 전에 한 친구로부터 밤에 집에 오라는 초대를 받았다. 그녀는 내게 약도를 분명히 알려 주었다. 나는 주의를 기울여 약도를 따라갔으나 집을 찾지 못했다. 나는 그녀의 이웃집에는 도착했지만, 그녀의 집은 찾지 못했다. 나는 그 방향의 마지막 부분의 처음으로 되돌아가서 다시 찾기 시작했지만 여전히 찾지 못했다. 네 번을 반복했다. 마지막으로 약도의 반대 방향으로 가보기로 했다. 그랬더니 바로 집을 찾을 수 있었다. 처음 네 번의 시도는 0의 단계였다. 시행착오를 통해 교정하려고 하지 아니하고 같은 시나리오를 반복한 것이다. 다섯 번째에 이르러서야 내가 쓴 메모와 반대로 시도한 것이다. 여기서 나는 비로소 1단계 학습에 들어간 것이다.

베잇슨은 우리들 대부분이 1단계 학습에 속하는데 자신의 본래 환경 속에서 시행착오를 통해 소소한 교정을 한다는 것이다. 우리는 어떻게 차를 운전하는지를 배우고 여러 가지 심리적 학습이론을 습득한다. 나의 대학 공부는 그러했다. 그리고 나는 중산층 백인 학생들을 어떻게 훈계하고 자료를 발표하고 동기를 부여하는지에 대하여 배웠다. 그런데 맥키스포트 학교에서 학생들의 반응이 나의 생각과 달랐을 때 나는 그렇게 해야 할지 몰랐다.

2단계 학습은 새로운 대안을 취하는 단계이다. 나는 아이들은 어디나 모두 비슷한 반응을 할 것이라는 그릇된 관념을 가진 채 맥키스포트 교외의 중학교로부터 도시빈민가 청소년 대상의 학교에 이르기까지의 경험을 통해 정립된 원칙을 적용하기 위해 애썼다. 베잇슨의 연구에 비추어 보면 나는 도심의 청소년 상황을 이해하지 못하고 그 이전 학교의 중산층 학생들을 대하듯이 한 것이었다. 나는 2단계 학습 상황인 곳에서 1단계 학습 방법을 취한 것이었다. 나는 이후 얍 족 섬에 가서는 새로운 대안을 시도하였다. 얍 족 학생들은 신체적으로 독립적이었는데 돌봄을 받는 수동적 자세가 아니라 능동적으로 임하고 과업을 수행했다. 이들은 또한 그룹으로 행동했다. 나는 이러한 관찰을 교실에서 전략적으로 적용하기 시작했는데, 결과는 맥키스포트 학교에서 했던 것보다 훨씬 좋았다! 나는 학생들의 상황을 이해하면서 새로운 대안을 고안해서 실천했는데 효과가 좋았다. 문화적으로 적합한 교육 방식을 취하자 학생들의 학습효과가 고양되었다.

하지만 항상 성공적인 것은 아니었다. 나는 때때로 현장에 적합한 방식을 생각하기보다는 옛 방식을 답습하곤 했다. 얖 족 학교에서 내가 잘못한 한 가지 예는 색깔에 대해 가르칠 때였다. 첫 날 나를 따라서 영어로 색깔을 반복해서 말하도록 시켰다. 파란색과 녹색을 가르치기 전까지는 잘했다. 나는 인내하며 학생들이 이 두 색깔을 구별하여 말할 수 있도록 반복해서 시켰다. 10년이 지나서야 대학원 공부를 하면서 나는 사람들이 색깔에 대하여 다른 관념을 가지고 있다는 사실을 알게 되었다. 다른 색들은 잘 아는데 왜 파란색과 녹색은 제대로 구별하지 못하는지 얖 족 학생들에게 질문을 하지 않은 것이 잘못이었다. 나는 이제 태평양에 둘러싸인 이 작은 섬에서는 그들의 환경에 효과적으로 적응하기 위해 필요에 의해서 파란색과 녹색을 표현하는 많은 다른 단어들을 사용하고 있다는 것을 알게 되었다. 나는 그때 2단계 학습의 문제를 1단계 학습 방법으로 해결하려는 실수를 범했던 것이다.

타문화권에서 효과적인 교사가 되려면 문화를 잘 숙지하여 새로운 대안들을 고안함으로써 여러 도전을 극복해야 한다. 과거의 경험에 집착하는 것은 오해와 실패로 끝나기 쉽다. 문화적 상황을 이해할 때 만이 적절한 대안을 수립할 수 있고 최대의 학습 효과를 창출할 수 있다.

4. 감추인 커리큘럼과 문화적 편향성

나는 30년 이상 문화에 대한 성경적 관점을 연구해 오면서 모든 민족은 각기 고유한 문화적 가치를 가지고 있으며, 그것은 그들 안에서는 상당히 효과적으로 작동하지만 반면에 다른 사람들의 문화와 가치는 잘 보지 못하게 한다는 것을 깨달았다. 문화인류학자인 매리 더글러스(Mary Douglas 1982)는 이를 가리켜 "문화적 편향성"(cultural bias)이라고 표현했다.

이책의 공동 저자인 셔우드 링겐펠터는 그의 저서(1996, 1998)에서 성경은 이러한 인간 문화의 문제에 대하여 명백한 언급을 하고 있다고 기술했다.

> 너희가 알거니와 너희 조상이 물려 준 헛된 행실에서 대속함을 받은 것은 은이나 금 같이 없어질 것으로 된 것이 아니요 오직 흠 없고 점 없는 어린 양 같은 그리스도의 보배로운 피로 된 것이니라(벧전 1:18-19).

> 하나님이 모든 사람을 순종하지 아니하는 가운데 가두어 두심은 모든 사람에게 긍휼을 베풀려 하심이로다(롬 11:32).

문화적 편향성은 "불순종의 감옥"에 해당하며 성경으로 가서 자유를 얻어야 한다. 사복음서를 보면 예수님은 당시 사람들의 문화적 관념들에 대해 도전하셨다. 그 가운데 산상수훈은 당시 부와 권력을 갖고 있던 유대인층이 의롭다는 관점을 배격한다. 이와 마찬가지로 우리는 우리의 신념과 가치를 재검토해야 한다.

모든 교사들은 특정 문화 속에서 훈련을 받았으며 교육과 학습에 대하여 문화적 편향성을 가지고 있다. 이러한 편향성은 해당 문화 속에서는 유용하고 효과적일 수 있지만 우리의 "감추인 커리큘럼"은 다른 문화 속에 들어가면 현실을 제대로 보지 못하게 하고 실수와 갈등을 유발한다. 더욱이 교사와 학생은 자신의 문화와 관습에 "갇힌 사람들"(prisoners)이다. 자신들의 감추인 커리큘럼을 인식하지 못하면 예수 그리스도를 통한 하나님의 은혜를 힘입지 않고는 어떠한 변화도 가져오기 힘들다. 크리스천 교사로서 타문화권에서 효과적으로 가르치려면 우리는 하나님의 은혜에 의지하면서 믿음으로 걸음을 내딛을 책임이 있다.

앞에서 설명한 대로 1단계 학습은 우리 자신의 문화 속에서 익숙한 방식과 유형이다. 2단계 학습을 실현하려면 감옥과 같은 우리 자신의 문화적 편향성을 이해하고 있어야 하며 우리 문화를 넘어서 새로운 가치, 방식, 환경을 볼 수 있어야 한다. 다른 사고 방식, 다른 학습 방법에 열려 있어야 하며 학생과 교실, 교육을 새롭게 보고 새로운 방식을 채택할 수 있어야 한다. 우리가 가르치는 커리큘럼은 교육의 일부분일 뿐이며 학생들의 성공은 오히려 우리가 감추인 커리큘럼을 얼마나 잘 알고 있는지에 달려있다.

150퍼센트의 사람이 되려면 우리의 문화 목록에 새로운 것들을 추가해야 한다. 첫번째 원칙은 새로운 문화 환경에 들어가면 먼저 학습자가 되어야 한다는 것이다. 교육 문화 환경에 대한 연구들이 그 동안 있었는데 줄리스 헨리(Jules Henry 1976)의 연구, 뒤이어 조지 피터 머독(George Peter Murdock)의 『문화 특성 개요』(Outline of Cultural Materials, 1987)라는 저술이 나왔다. 이 책들의 각 장에는 교사들이 새로운 교육, 학습 문화 환경을 이해할 수 있도록 돕는 질문들이 실려 있다. 이 질문들은 학교 학업에 대한 것이 아니라 교육의 성격을 문화의 전달이라는 측면에서 이해하고 감추인 커리큘럼이라는 더 큰 범위를 고려한다.

더 중요한 것은 우리가 예수 그리스도를 믿는 신앙을 불순종의 감옥과 문화적 편향성으로부터 자유를 얻는 출발로서 이해하는 데에 있다. 예수님은 우리의 문화 밖에서 살고 배우는 데 필수적인 원리들을 주셨지만 우리는 모든 문제들을 1단계 학습 방법으로 해결하려는 경향이 많다. 새로운 상황을 잘 이해하고 성경적인 원리들을 그 상황 속에 적용하는 것이 중요하다. 바울이 빌립보서 2:1-5에서 언급하듯이 우리는 남을 나보다 낫게 여기고 적어도 그들의 유익을 나의 유익과 동등하게 여기며 예수님을 본받아 섬기는 태도를 가져야 한다. 2단계 학습 방법은 바로 이 성경 말씀의 실제적 적용이다. 타문화권에서의 효과적인 교육 사역은 우리 자신의 문화적 상황적 기대 밖에 있는 것을 생각하고 우리가 받은 훈련, 경험, 재능을 뛰어넘어 해결책을 찾을 때 가능하다.

5. 탐구 질문

(1) 당신의 학업 경험을 생각해 보고 당혹스러웠던 경우 두 가지를 말해 보라(예를 들면, 교회에서 춤을 금지했는데 학교에서 체육시간에 춤을 추게 했다). 각각의 경우 무엇이 문제였는가? 감추인 커리큘럼과 관련된 이슈들은 무엇이었는가?

(2) 초등학교 교실을 방문하여 두 시간 정도 관찰하고 기록하라. 교사는 학생들을 어떻게 대하는가? 학생들을 어떻게 징계하는가? 어떻게 칭찬하는가? 학생들은 서로 어떻게 소통하는가? 학생들은 독립적으로 일하는가 아니면 상호의존적으로 일하는가? 관찰을 통해 어떤 문화적 가치들을 발견했는가?

타문화 사역과
교육
_____

TEACHING
Cross-Culturally

3
전통적 학습 전략

얍 족 고등학교에서 얍 족 학생들이 미국인 교사로부터 폭스바겐 자동차 엔진을 분해하는 법을 배우는 것을 본 적이 있다. 이 교사는 학교에 오랫동안 봉직하면서 얍 족 학생들이 보는 것을 통해 가장 잘 배운다는 사실을 깨달았다. 그는 조심스럽게 엔진을 해체했다가 다시 조립하고, 해체했다가 다시 조립하는 것을 보여 주었다. 질문은 몇 몇 학생만 했다. 교사는 학생들에게 그 과정을 직접 해 보라고 했다. 그는 학생들이 두 세 명씩 그룹을 이루어서 하게 하고 멀찍이서 지켜 보았다. 학생들은 엔진을 해체했다가 다시 조립하는 과정을 아주 천천히 했다. 처음에는 모든 학생들이 다 잘한 것은 아니었으나 계속 지켜 본 후에 스스로 시도할 수 있게 된 듯 싶었다.

나는 펜실베니아 주의 중학교에서 교사로 일하면서 흑인 학생인들의 학습 방법을 제대로 이해하지 못했었다. 그래서 얍 족 섬에 갈 때는 또 다른 문화를 접할 것이 분명했기 때문에 그 곳 사람들의 문화를 이해하는 데 시간을 들이리라 마음 먹었다. 그래서 1년간 이웃들, 동네 아이들과 줄곧 대화를 나눴다. 얍 족의 엄마들은 아이들이 어른에게 질문하기보다는 보고 배우게 했다. 엄마들이 마당 쓰는 것, 불 피우는 것, 코코넛 열매를 자르는 것, 감자 껍질 벗기는 것 등을 아이에게 보여 주고 따라하게 했다. 그리고 엄마들은 아이들을 곁에 두고 마당에서 일했다. 여자들은 가끔 함께 모여서 일했는데 거의 하루 종일 아이들을 보면서 서로 이야기 하며 일했다. 10년 후에 얍 족 고등학교에 다시 갔을 때 학생들이 어디서 어떻게 학습법을 배웠는지를 이해할 수 있었다.

스테픈 해리스(1984)의 호주 원주민 연구는 현지인들의 학습유형을 이해하는 데 도움이 된다. 이 연구는 전통 사회의 문화와 학교 문화 사이의 차이를 기술한다. 전통 사회는 성인들이 공식적인 교육을 거의 받은 적이 없고 대부분 자급자족이거나 농업을 하는 사회를 가리킨다. 학교 사회는 공식 교육을 받은 사람들이 다수인 산업경제 사회를 뜻한다. 이 두 가지 환경을 비교하면 학습 환경은 서로 상당히 다르다. 이 연구를 통해 서양인 교사들이 비서구 학교에 갈 때 겪는 어려움을 이해할 수 있다. 또한 교실에서 어떻게 의사소통을 해야 하는지에 대한 중요한 통찰을 이 연구는 제시한다.

1. 관찰과 모방

관찰과 모방에 의한 학습은 세계 많은 곳에서 발견되는 방식이다. 해리스는 관찰하는 시간과 실행하는 시간 사이에 상당한 공백이 있음을 발견했다. 몇 주를 관찰한 후에야 비로소 실행한다. 관찰 시간은 질문 없이 진행된다. 질문을 금기시하기 때문이기도 하다. 한 얍 족 젊은이는 우리 아들 조엘을 데리고 낚시하러 갔다가 조엘이 질문을 많이 해서 당황했다. 그는 조엘을 부드럽게 나무랐고, 나에게는 조엘은 질문이 너무 많다고 말했다. 얍 족 마을에서는 대개 아이들이 질문을 하지 않고 대신 관찰에 힘을 쓴다.

시각적 학습은 문화적으로 적합한 학습 방법 중의 하나이다. 사람들은 단순히 관찰한다. 학생들은 교사가 엔진을 분해하는 것을 지켜본다. 일정한 순서대로 분해가 된다. 학생들은 그 순서대로 하려고 한다. 어떤 학생은 기억하려고 애쓰고 어떤 학생은 각 단계를 반복적으로 연습한다.

해리스는 관찰에 의한 학습과 모방에 의한 학습을 구별한다. 관찰은 오랜 시간 동안 이루어지지만 실행은 모방을 통해 즉각적으로 이루어진다. 해리스는 토착민들은 관찰과 모방을 더 좋아하는데 아마도 거친 자연 환경 속에서는 이 방법들이 더 효과적이기 때문일 것이라고 추측했다. 오랜 세월 동안에도 환경의 변화가 거의 없었으므로 아이들은 필요한 기술을 단순한 "참여"를 통해 배우면 되는 것이다. 전통적 지식은 믿을 만하고 효과적이며 모든 부모들과 아이들에게 만족한 삶에 대한 필요를 제공하고 있다.

2. 행위를 통한 학습: 시행착오

행위를 통한 학습은 효율적인 학습 방법 중 하나다. 비언어적 방법을 통해 배우는 사람들에게는 말로 설명하는 방식이 어려울 수도 있다. 예를 들면, 얍 족의 젊은이들은 카드놀이를 좋아했다. 그러나 아무도 그들의 카드놀이에 대해 설명해 줄 수 없었기 때문에 나는 그 규칙을 이해할 수가 없었다. 이들은 말이 아니라 관찰하고 실수하고 교정함으로써 놀이를 배웠다. 그들은 내게 "그냥 해 보세요. 틀리시면 저희가 얘기해 드릴께요"라고 거듭 말했다.

토착 원주민들은 가상 상황보다는 실제 생활 속에서 배운다. 활동은 그 당시를 위한 것이지 미래를 위해 미리 예비하는 것이 아니다. 아프리카에서 가르쳤던 나의 동료는 학생들에게 농구를 가르친 적이 있었다. 그런데 학생들을 훈련할 수 없었다. 그는 학생들에게 드리블과 슛을 연습하는 것이 경기력 향상을 위해 중요하다고 설명했다. 하지만 학생들은 배우기를 거부했다. 학생들은 연습은 농구가 아니라고 대답했다. 학생들이 농구를 배우는 유일한 방식은 경기를 통해서였다. 가상 상황이 아니라 실제 활동 속에서 배우고자 했다.

실제 생활 속에서 배우는 데 익숙한 사람들은 실제 생활이 아닌 상황을 가정해서 생각하는 것에 어려움을 느낀다. 브라질에 있는 한 친구가 인디언들에게 덧셈을 가르치려고 했다. 숫자를 가르치는 것이 잘 안 되자 양동이 둘에 거북이 여러 마리를 넣었다 뺐다 하면서 이해 시킬 수 있었다. 벽돌이나 공으로 해서는 별 효과가 없었을 것이었다. 인디언들은 추상적인 숫자와 실제 생활을 연결시키는 것이 필요했다. 각각의 활동을 그 자체로서만 보는 사람들은 이 활동들을 통합적으로 설명하는 원리를 찾으려 하지 않는다. 얍 족 사람들과 학교 학생들은 여러 상황들에 대하여 공통된 원리를 적용하는 것을 중요하거나 필요한 것으로 여기지 않았다.

3. 기계적 암기와 전통적 지식

해리스(Harris)의 연구에 따르면 토착 현지인들은 격언, 노래, 이야기들을 가르칠 때에 기계적 암기 방식을 주로 사용한다. 토착 사회는 이론 중심이 아니라 전수되는 지식이 중심이다. 인간의 영적 본성, 존재 이유, 정치 체계, 여성의 권리와 같은 문제는 열어 놓고 토의해야 할 철학이나 도덕적 주제가 되지 않는다. 오히려 이러한 문제들은 이야기와 같은 형식을 통해 지식으로 전수된다. 이야기들은 보통 분명한 지식을 담고 있고 재미있으며 구두로 전해진다. 얍 족 사람들은 구술로 전해지는 이야기가 문자로 기록된 이야기보다 더 중요하다고 말하는데 기록된 이야기는 한 사람의 견해이지만 구전되는 이야기는 청자들이 집단적으로 검토하고 교정하기 때문이다.

토착 사회는 또한 지역주의적이다. 전통적으로 토착민들은 러시아, 미국, 다른 토착 부족들 중에서 어떤 일이 일어나고 있는지에 대하여 관심을 두지 않는다. 각 지역 공동체가 가장 중요하고 공동체에 연관성이 있을 때에만 의미가 있다. 따라서 이러한 사람들을 가르칠 때에 추상적이거나 그들의 세계 밖에 있는 개념들을 소개하기가 쉽지 않다. 해리스에 의하면 토착민들은 미래가 그렇게 중요하지 않으며 현재를 중요시하는 삶을 산다. 그리고 과거 역시 중요한 주제가 되지 않는다(Harris 1984, 80-81).

그리고 토착민들은 모든 질문들에 대하여 답을 얻을 필요는 없다고 생각한다고 한다. 질문에 대한 답을 얻고자 한다면 말로 토의를 한다. 그러나 말로 지침을 주는 경우는 간혹 있을 뿐이다. 예를 들어 의례가 필요한 경우나 시행착오를 통한 습득이 불가능할 경우에 구술로 표현한다. 토착민들은 공동체의 역사에 대하여 의례나 이야기를 통해 구술로 표현하기도 한다. 해리스는 관찰이 중요한 이해 수단인 경우 영상이나 그림이 효과적인 학습 방법이 된다고 말한다. 영상은 반복적으로 보여질 수 있으므로 이들에게 친숙한 시각 학습전략이라는 것이다(Harris 1984, 83).

4. 전통적 학습과 성육신적 교육

현대 교육자들은 대부분 모방과 기계적 암기 학습법을 반대한다. 이들은 이러한 방법들이 창의성과 혁신을 저해한다고 주장한다. 그러나 성경에 따르면 이러한 기술들은 수천 년 동안 사람들이 공동체 생활을 풍요롭게 하고 하나님과 동행하는 데 채택되어 왔다.

> 그들이 네게 가르쳐 이르지 아니하겠느냐 그 마음에서 나오는 말을 하지 아니하겠느냐(욥 8:10).

시편과 잠언은 사회적, 도덕적, 영적 생활을 잘하려면 계속적으로 성경을 암송하고 묵상(말씀의 반복)해야 한다고 말씀한다. 어떤 문화에서든지 훌륭한 교육은 전통적인 학습 방법을 활용하고 환경과 상황에 적합하고 생활과 연관이 있어야 한다. 이를 성취하기 위해서는 관찰과 모방, 시행착오와 교정, 실제 생활을 통해 배우는 학습, 상황에 적합한 방식을 취해야 한다.

관찰과 모방은 이해가 결핍된 기계적 암기로 끝난다고 보고 반대하는 교사들이 있다. 학생들은 교사들이 가르치는 것을 그대로 받아 적고 외우려고 한다. 서양 교사들은 학생들이 정보를 열심히 외우지만 이해하고 있지 않다고 본다. 학생들이 결코 깨닫지 못하고 외우기만 한다는 것이다. 나도 기계적 암기식 학습은 진정한 학습이 아니라고 배웠다.

몇 년 전에 젊은 러시아 부부가 1년간 우리와 함께 살았다. 여자는 관찰이 예리하고 잘 따라했고 영어를 빨리 배웠다. 어느 날 저녁 식사를 하는데 그녀가 갑자기 이렇게 말했다. "이제야 알겠어요." 내가 무슨 말인지 설명해 달라고 하자 10살 때 암기했던 식사와 관련된 영어 표현을 이제 깨달았다는 것이었다. 그때 암기했던 영어를 12년이 지난 후 무슨 뜻인지 깨달았다는 것이다. 사람들은 암기와 이해가 그렇게 멀리 떨어진 관계가 아니기를 바라는데 그 반복과 기계적 암기가 관찰과 모방에 의해서 보충되고 지지받는 의미있고 식별 가능한 상황 속에서 이루어질 때 특히 더 그러기를 바란다. 이 젊은 러시아 여인처럼 12년을 기다리는 교육이 바람직하다는 뜻이 아니다. 이해는 분명히 중요한 요소이다. 학생이 실생활에서 암기한 정보의 의미와 유용성을 실생활에서 발견한다는 점을 주목해야 한다. 이러한 의미에서 성경은 성경 말씀을 반복해서 듣고 외우고 마음 속에 담아 두고 묵상하라고 하는 것이다. 이렇게 해 두면 생활 속에서 어떤 일들이 발생할 때 성경 말씀에 기초하여 반응할 수 있게 된다.

반복 암기는 타문화권에서 가르칠 때 참작해야 할 교육 방법이다. 학생들이 잘 하는 방식 대신에 그들에게 어려운 새로운 방식을 요구하면 학생들을 힘들게 하는 것이다. 자신에게 익숙하지 않은 학교 환경에 갑자기 들어온 학생들은 교사를 만족시키려고 애쓴다. 최상의 방법은 지능을 사용하여 암기하는 것이다. 학생들은 암기한 것을 교사에게 보이면 잘 가르쳤다고 교사가 좋아할 것이라고 생각한다. 그룹 소속감이 중요할 경우 학생들은 단체를 이루어 암기하는 것을 선호하는데 개인의 실수가 가려지고 전체가 학습을 완수한 것으로 간주할 수 있기 때문이다. 학교 책임자, 교사, 부모 모두 암기 방식을 선호한다. 학생은 교사에게 질문하지 않고 모든 것을 잘 암기하면 잘 한 것으로 인정받는다. 이것은 언어의 장벽이 있을 경우 혼란이 최소화되는 방법이기도 하다. 학생이 외국어로 공부할 경우 암기가 가장 용이한 방법일 수 있다.

학생들의 문화적 특성을 반영하여 교육을 하고자 하는 교사는 실생활과 문화에 특화한 활동을 채택해야 한다. 학교의 커리큘럼은 일반적으로 학생들에게 현재가 아니라 미래의 보상에 초점을 두라고 요구한다. 그 결과 학교 학습은 "실생활(real life)을 위한 연습"이지 "실생활"은 아니다. 그러나 전통 사회에서 학습자는 실생활을 하거나 관찰함으로써 배운다. "상황에서 나온" 강의만 있는 교육일 경우 전통 사회에 속한 학생들은 배운 원리와 기술을 실생활에 접목시키는데 어려움을 겪는다. 이 문제에 대한 하나의 해결책은 반복 학습 방법인데 같은 내용을 여러 다른 상황 속에서 다룸으로써 원리가 학생들에게 내면화되도록 하는 것이다.

1988년에 나온 영화 "일어나 전하라"(Stand and Deliver)는 제목의 영화에 볼리비아 출신의 교사가 미국 LA에서 학생들에게 수학을 가르치는 장면이 나온다. 이 교사는 학생들에게 "마이너스 곱하기 마이너스는 플러스"라는 원칙을 음을 달아서 외우게 했다. 대부분의 교사들은 이러한 방식을 좋게 여기지 않지만, 이 방법은 큰 성과를 냈다. 이 교사는 각자 조용히 습득하기보다는 그룹으로 함께 크게 말하며 습득하는 것이 수학 원리를 기억하는데 더 효과적이라고 보았다.

전통 사회에 속한 학생들은 정보 자체를 소유하기 위해 배우는 것에 의미를 두지 않는다. 이 학생들은 자신들이 이해할 수 없는 연설문이나 개론서들을 왜 공부해야 하는지 의아해 한다. 어떤 학생들은 공식적인 교사를 가진 적이 없고 말로 가르치는 교육을 받은 경험도 극히 제한적이다. 가르치는 것을 중요시 하지 않는다. 이 학생들이 학교에 입학하면 그들은 다른 사람들에게는 중요할지 모르지만 자신들에게는 중요하지 않은 정보를 그들이 배우기를 기대하는 교사들을 갑작스럽게 마주치게 된다.

5. 주인(master)과 제자(disciple)의 관계

해리스는 개인적 관계나 멘토링 관계에 있는 경우에만 가르칠 자격이 있다고 보는 사회가 있다고 말한다. 이것은 사복음서에서 "제자가 되는 것"과 상통하며 스승을 따르며 배우는 것을 가리킨다. 열왕기상 19:19-21과 열왕기하 2:2에 보면 엘리야는 엘리사를 불러서 자신의 학생이 되도록 한다. 요한복음에서 예수님은 제자들과의 관계가 위계적임을 지적하신다.

> 너희가 나를 선생이라 또는 주라 하니 너희 말이 옳도다 내가 그러하다 (요 13:13).

크리스천 교사들은 효과적인 교사가 되려면 학생들과의 관계를 쌓아야 한다. 아프리카의 많은 부족들은 정보부자보다 사람부자가 더 중요하다. 교사는 학생이 배울 수 있도록 곁에서 도와주고 개인이 아니라 협동으로 배우게 한다. 교사가 학생들과 친밀한 관계를 쌓지 않으면 학생들은 제대로 배우지 못한다.

서양 교사들은 관계를 중요시 하지만 동료나 친구 관계가 합당하다고 생각한다. 전통적인 학습은 연장자가 연소자에게, 선생이 견습자에게라는 위계 질서를 따른다. 반면, 서양 교육자들은 이러한 측면을 무시해서 나중에 쓴맛을 본다. 학생들과 친구가 되려고 하다가 존경받지 못하고 가르칠 권위를 잃고 만다. 한편, 선교 지도자들은 현지인들 중에서 젊은이들을 훈련시켜 교회에 있는 다른 현지인들을 가르치게 했다가 현지인들이 이들이 어리다고 하며 듣기를 거부하여 당혹해 하기도 한다.

주인으로서의 교사는 보살피고 상호적인 친밀한 관계를 가지면서 연장자, 권위, 힘이 있음을 뜻한다. 교사들은 지식, 지혜, 보호를 제공하고 학생들은 존경과 경의, 순종으로 응답한다. 대부분의 전통사회에서는 학생들이 교사들로부터 이러한 관계를 기대한다. 이러한 사회 속에 교사로 들어가는 서양인들은 학생들의 정서를 이해하지 못하고 본국 방식을 고수하는 경우가 많다.

몇 년 전에 미크로네시아(Micronesia) 선교사역을 위해 준비하는 사람들을 훈련하는 프로그램에 간 적이 있다. 추욱(Chuuk)섬에 있는 신학교에서 가르치는 사역을 하기 위해 준비하고 있는 젊은이를 만났는데 신학 훈련을 상당히 많이 받은 사람이었다. 이 신학교의 학감이 이 예비 교사를 만나러 왔다. 그들은 서로 만난 후 좋은 관계가 형성된 것 같았다. 그들은 섬에 가기 위한 비행기 표를 예약하러 공항에 갔다. 돌아오는 길에 학감은 훈련센터 디렉터에게 말했다. "저는 저 젊은이를 원치 않습니다." 디렉터는 깜짝 놀랐다. 왜냐하면 그 젊은이가 자격을 잘 갖춘 사람이라고 생각했기 때문이었다. 왜 마음이 바뀌었냐고 학감에게 물었다. 그는 이렇게 대답했다. "그 젊은이가 성난 것을 보았습니다. 그는 항공사 직원이 일처리를 더디게 하자 화를 냈습니다. 우리는 이러한 사람을 두고 싶지 않습니다." 추욱 섬에서 교사는 학생들로부터 큰 존경을 받는 한편 교사는 학생들에게 많은 인내와 돌봄, 긍휼을 보여야 하는 것이었다.

서양 교사들은 예수님의 모범을 배워야 한다. 복음서에 보면 예수님은 권위와 힘을 가지고 가르치시는 주인으로 묘사되어 있다. 그러나 예수님은 학생들이나 가난한 자나 곤궁한 자들에게 힘과 권위를 발휘하지 않으셨다. 그는 자기 의를 앞세우고 다스리는 통치자들에 대해 분노하셨고 가르치고 죄를 용서하고 병든 자를 치유하고 악을 물리치는 데 자신의 권위를 사용하셨다. 요한복음 13장에서 예수님은 제자들에게 자신의 역할을 교사이자 주(Lord)라고 밝히셨지만 수건을 두르시고 제자들의 발을 씻기셨다. 이러한 강력한 섬김의 본이 바로 그리스도 중심적인 주인-제자 관계이다.

6. 탐구 질문

(1) 학생들이 놀이하는 것을 관찰하라. 그리고 어떻게 놀이를 하는지 가르쳐 달라고 하라. 그들이 가르치는 방법이 당신과 다른 점이 있는가? 규칙을 배우는 것이 쉬운가, 어려운가?

(2) 학생들이 서로 어떻게 새로운 것을 가르치는지 관찰하라. 말로 많이 가르치는가? 그렇지 않으면, 어떻게 가르치는가?

4
공식 교육과 전통적 학습

    1996년에 필리핀에 갔을 때의 일이다. 뉴질랜드 출신 선교사가 루시아(Lucia)라는 현지인을 훈련하여 성인들에게 문자 교육을 하도록 했다. 선교사는 아주 좋은 훈련 교재를 구해서 루시아에게 자세히 설명해 주었고 그 교재를 가지고 성인들을 가르치게 했다. 그런데 어떻게 잘 하고 있는지 보러 가 보니 루시아는 교재를 사용해서 가르치는 것이 아니었다. 루시아는 암기식으로 가르치고 있었다. 다음날 아침 선교사는 루시아를 집으로 불러서 문자 교육 시범을 보여 주었다. 그리고 루시아에게 해 보도록 했다. 나중에 루시아가 학교에서 가르치는 것을 보러 갔더니 자료를 사용해서 아주 잘 하고 있었다.

    이 이야기의 교훈은 비서구인들은 행위를 통해 배운다는 점이다! 서양 교사들은 과정 혹은 교본을 차례대로 설명하는 것을 좋아한다. 루시아는 어떻게 가르쳐야 하는지 선교사로부터 배워왔지만 정작 자신이 가르칠 때에는 배운 것을 적용하지 않았다. 루시아가 시범을 보고 난 후에야 그대로 실행할 수 있었고 설명을 들은 대로 활용할 수 있었다.

1. 설명인가? 행동인가?

서양 교육자들은 교사를 훈련할 때 정교한 훈련 교재를 사용하며 커리큘럼을 잘 계발하는 것에 중점을 둔다. 이들의 목표는 잘 가르치기 위해 필요한 것들을 모두 설명해 주는 것이다. 그러면 교사들이 배운 대로 가르친다. 그러나 계발 국가들에서는 교사 훈련 교재가 익숙하지 않고 대신 우리가 가르치는 것을 관찰하고 모방하여 가르치는 것을 선호한다. 관찰하고 경험한 후에 실행할 수 있게 된다.

한 필리핀 문자 교육 전문가는 학생들이 같은 과목을 적어도 네 번은 반복해서 들어야 잘 가르칠 수 있다고 말한다. 세 번 들으면 어느 정도 잘 가르칠 수 있지만 네 번 혹은 그 이상 들어야 훨씬 자신 있게 가르칠 수 있다는 것이다.

반복의 중요성은 서양 교사들이 비서구 환경에서 가르칠 때 고려해야 할 점이다. 선교사들은 일단 학생이 과목을 이수하면 지도력을 발휘할 수 있을 것이라고 가정한다. 첫 번째 강의에서 학생들이 교사의 방식, 학교 환경, 시험에 익숙해진다. 두 번째로 같은 과목을 들을 때는 교사의 행위를 잘 관찰하고 내용을 어느 정도 익힌다. 세 번째는 교실 안팎에서 모방을 통해 새로운 지식을 보다 확실히 숙지한다. 서양 교육자들은 이러한 접근을 어렵게 여기며 이것을 시간낭비라고 생각한다. 나의 동료인 한 파푸아 뉴기니아인이 "서양인들은 왜 그렇게 급합니까? 우리는 그렇지 않습니다"라고 말하는 것을 들은 적이 있다.

또한 그들은 이해와 실행의 연결이 느리다는 점이다. 서양 교사들은 비서구 사회에서 가르칠 때 학생들의 학습 속도가 느린 것을 보고 의아해 한다. 나도 미국의 대학에서 가르칠 때 같은 경험을 했다. 때로 학생들이 말하는 것을 들어보면 내가 애써서 가르친 내용이 학생의 생각에 전혀 변화를 가져오지 않았다는 것을 발견하게 된다. 이럴 때면 오래 전에 얍 족 마을에서 얍 족 친구가 말한 것처럼 "내가 가르쳤지. 그렇지 않니?"라고 말하고 싶어진다. 지금 생각해 보면 민망한 마음이 든다. 왜 그렇게 생각하고 말았나? 얼마나 어리석고 순진했는지! 가르치는 것과 배우는 것 모두 속도가 느린 과정이다. 가르치는 것은 내용을 분명하게 전달해야 하기 때문에 느리고, 배우는 것은 학생들이 각각 다른 경험, 다른 학습 방법, 다른 이해 단계를 가지고 교실에 오기 때문에 느리다.

교본을 만들고 반복 학습을 반대하고 우리가 한 번만 가르치면 학생들이 이해할 것이라고 가정하는 것은 우리 자신의 학교 문화에서 비롯된 발상이다. 어떤 이들은 단순히 학교를 학생들의 유형에 맞게 변모시키면 된다고 말한다. 나의 박사 논문(1981)은 얍 족 고등학교에 대한 문화연구였다. 1960년대에 미국 교육자들이 이 학교를 시작했는데 1980년대에 와서 현지인들의 문화 방식을 교육에 반영했다. 그런데 놀랍게도 그들은 이러한 변화에 대하여 불만족스러워했다. 많은 얍 족 사람들이 고등학교가 더 이상 학교가 아니며 너무 쉽게 한다고 부모와 학생 모두 경멸했다. 학교는 고유의 특질을 지니고 있는데 주요 요소가 상실되면 사람들은 더 이상 가치 있게 보지 않는다.

학생들은 학교에 대한 이미지를 이미 갖고 있다. 학교는 음악이나 댄스가 아니다. 학교는 속담이나 민담이 아니고 민간 지식을 습득하는 곳이 아니다. 학교는 재미난 이야기를 나누는 곳이 아니다. 학교는 졸업과 같은 의례를 가지고 있지만 극히 적다. 학교에는 강의가 있어야 하며 대화하는 곳이 아니며 개개인에 초점을 둔다. 현지 전통적 학습 방법을 학교에 도입하면 많은 사람들이 "그건 학교가 아니죠"라고 반대한다. 이러한 상황에서 서양 교사들은 이중적으로 어려움을 겪는다. 서양 방식이 잘 안 통해서 현지 방식을 도입하려 하면, 사람들은 서양 방식을 원하기 때문에 그것을 반대한다.

2. 질문 학습(Learning by Questioning)

앞에서 언급했듯이 전통적인 학습 방법에서는 질문하는 것을 중요시하지 않는다. 그러나 서양 교사들은 질문하는 데 시간을 많이 사용한다. 질문하는 문화가 교실에 어떤 영향을 주는가? 비서구 혹은 전통적 방식의 학습자에게 어떤 영향을 주는가?

오늘날 라디오, TV, 컴퓨터를 통해 이라크 군사 개입, 미국 세계 무역 센터의 붕괴에 대하여 사람들에게 질문하는 것을 비서구 학생들은 본다. 이와 같은 현상은 그들로 하여금 질문의 역할과 중요성을 생각하게 한다. 한편, 서양 교육자들이 가져야 할 도전은 교실에서 필요한 질문의 종류를 확장하는 것이다. 우리는 특정한 질문에만 관심을 갖는 경향이 있고 "옳은" 답을 찾으려고 하는 학생들을 어리둥절하게 하는 추상적인 질문을 하는 경향이 있다. 다시 말하면, 서구 학교에서 강조되는 질문들이 전통적인 사회에서 사용되는 질문은 아니라는 것이다.

셜리 브라이스 헤쓰(Shirley Brice Heath 1982)는 미국 학교의 질문 문화는 중산층 가족들로부터 비롯된 것이라고 주장한다. 그는 5년 동안 미국 남부 지역의 학생들 세 그룹을 조사 연구했다. 백인 중산층 그룹, 노동자 가족 그룹, 흑인 저소득층 그룹이었다. 연구 결과, 백인 중산층 그룹 부모들은 자기 전에 아이에게 이야기를 읽어 주는 반면 흑인 저소득층 그룹은 그렇지 않았다. 백인 중산층은 읽어 줄 뿐 아니라 읽으면서 아이에게 질문하고 아이는 부모의 대화 상대가 되었다. 예를 들면, 한 살된 아이에게 엄마는 "강아지가 뭐라고 말했지?"라고 질문한다. 엄마는 아이가 적절하게 대답하기를 기대한다. 아이가 성장하면 질문이 좀 더 정교해진다. "폭풍이 있은 후에 물이 둑을 넘어서 어떻게 되었을까?" 이른 시기부터 아이는 읽은 책에서 의미를 얻는 법을 배운다.

백인 중산층 엄마들이 아이 출생 때부터 아이와 나누는 대화의

50퍼센트 정도가 질문인 것에 반하여 흑인 저소득층은 달랐다. 흑인 저소득층 가정에서 아이들은 어른들이 이야기 할 때 함께 있지만 대화에 끼지 못했는데 대화 상대자로 간주되지 않기 때문이었다. 사회적 관계의 차이로 인해 다른 결과가 나온다. 백인 아이들은 학교 교사가 질문하면 대답하려고 하지만 흑인 아이들은 질문에 대하여 주저한다. "트럭이 무슨 색깔이지?" 하고 물으면 왜 이미 알고 있는 사실을 물어보는지 의아하게 생각한다. 학생들이 대답하지 않으면 교사는 답을 몰라서 그렇다고 오해하게 된다.

헤쓰의 연구는 흑인 저소득층 학생들이 미국의 백인 중산층 학교에서 왜 어려움을 겪는지 그 이유를 알려 준다. 그러나 이 연구는 더 나아가 타문화권 교육에 대한 중요한 시사점을 제시한다. 아이들은 문화적 환경에 따라 다르게 학습하고 서양의 교육은 중산층 문화에 뿌리를 두고 있다는 것이다. 질문하고 대답하는 교육 방식은 미국의 중산층 육아 방식에서 비롯되었다는 것이다.

미국의 상급학교에서 학생들이 질문하는 경향도 헤쓰의 초등학교 학생 연구 결과와 상통한다. 그런데 상급학교 학생들은 보통 부가적인 질문을 한다. 열심히 필기를 하는 학생은 "세계화 학습이 총체적인 학습이라는 뜻인가요?"와 같이 확인하는 질문을 한다. 교사의 견해에 이의가 있는 학생은 "목적이 수단을 정당화 한다는 말씀인가요? 어떻게 그럴 수 있죠?"라는 식으로 질문한다. 또 다른 유형의 질문은 강의 주제에서 벗어나는 질문이다. 교수가 강의하고 있는데 학기말 시험이 언제인지 느닷없이 질문한다.

미국 학교에서 나타나는 마지막 질문 형태는 추상적인 질문이다. 똑똑한 학생이 새로운 차원으로 생각을 확장하기 위해 이러한 질문을 하는 경우가 있다. 그러나 불행하게도 이러한 질문은 교수와 질문한 그 학생 간에 치열한 토의로 이어지고 다른 학생들은 이해가 잘 안 되는 대화 때문에 어리둥절한다. 확인하는 질문, 강의에서 이탈한 질문, 추상적 질문이 서양 학교에서 사용되는 질문들의 세 가지 유형이다(Portin 1993).

3. 문화적으로 적절한 질문 만들기

서구 방식으로 교육을 받은 교육자들은 질문을 중시하는 교육이 문화의 한 형태임을 인정해야 한다. 서양 전통은 개인과 성취를 강조한다. 다른 사람이 말하는 것을 수동적으로 받아들이는 것이 아니라 도전하라고 하며 현실에 도전하는 것이 혁신과 문제 해결을 낳는다고 주장한다. 다른 사람들은 서양 교사들에 대하여 무례하고 강요한다고 느끼지만 서양 교사들은 통념에 도전하는 것이고 더 나은 방안을 찾는 것이라고 정당화한다. 중국 학생들에게 질문하는 방식으로 가르치라고 하고 중국 마을에 가서 나이 많은 사람들에게 그렇게 하면 파국적인 결과를 맞을 수 있다.

서양 교사들이 비서구 학생들에게 질문하는 문화를 어떻게 소개할 수 있을까? 우선, 교사들은 학생들이 속한 사회의 가치를 이해해야 한다. 질문을 사용하느냐 안 하느냐의 문제는 다음 사항들을 고려해야 한다.

나이: 연장자와 연소자를 분명히 구분하는 사회에서는 아이들은 어른에게 질문하지 못하게 되어 있다. 같은 또래이거나 어리거나 지위가 낮은 사람에게만 질문할 수 있다.

무례: 아시아에서 학생이 교사의 권위에 도전하는 것은 아주 무례한 행동이다.

금기사항(Taboo): 얍 족의 경우 아이에게 아버지의 이름을 묻는 것은 아주 금기시 되어 있다. 미국에서 여자에게 나이를 묻는 것이 실례인 것과 유사하다.

위협: 직접 질문하는 것은 직책이나 지위에 대하여 공격하는 것이고 쫓아내려는 도전으로 간주된다. 몇 년 전에 학생들이 열띤 논쟁을 했는데 한 학생이 다른 학생을 돌아보며 "누가 너를 우리 보스로 세웠느냐?"고 물었다.

사적인 문제: 사적인 문제는 문화에 따라 그 정의가 다르다. 예를 들면, 내가 서울을 방문했을 때 사람들이 나이가 몇이냐고 계속 물었다. 미국에서는 처음 만난 사람에게 나이를 묻지 않는다. 내 남편은 종종 나에게 어떻게 생각하냐고 묻는다. 우리가 서로 어떤 문제에 대하여 의논할 때 특히 나의 의견을 묻는다. 다른 사회에서는 이러한 질문이 아주 개인적인 것으로 간주되고 질문받는 사람은 모욕감을 느낀다.

물질과 도덕에 대한 질문: 아시아 학생들은 사람의 도덕성이나 행동을 보아야 한다고 배우지만 서양에서는 물질의 소유를 본다. 그래서 "왕이 무슨 옷을 입었냐?"라는 질문보다는 "왕이 거짓말을 했다고 생각하니?"라는 질문이 아시아 학생들에게 적절한 질문이다.

앞의 예들은 문화적 차이를 드러내는 예의 일부일 뿐이다. 하지만 이 예들만 보아도 교사와 학생 간의 상호 작용에 대한 규칙을 문화에 따라 적절히 사용해야 한다는 것을 알 수 있다. 서양 교실에서는 묻지 않은 질문만이 어리석을 뿐이라고 하지만, 다른 사회에서는 그렇게 생각하지 않는다.

4. 공식 교육에서 문화적 가교 놓기

공식 교육 문화가 많은 학생들에게 상당한 방해가 될 수 있다. 교사와 학생 모두 자신들의 문화에 갇혀 있다. 비서구 학생들은 시각 적인 학습이나 암기 방식에 익숙하지만 이러한 방식을 서양 학교에서는 중요시 하지 않는다. 서양 교사들은 비서구 학생들에게 혼란스럽고 난감한 질문들을 던지는데 학생들은 왜 문화적으로 부적절한 질문들을 하는지 이해하지 못한다. 그러나 공식 교육의 필수 요소들이 유지되지 않으면 교육이 제대로 안 되었다는 말을 들을 것이다. 그러면 비서구 문화 배경을 가진 학생들 가운데 어떻게 문화적 차이를 극복하고 효과적인 가르침과 학습이 일어나게 할 수 있는가?

먼저 교사가 문화적 차이를 극복할 수 있는 환경을 조성해야 한다. 이를 위해 교사는 힘을 사용하려고 하지 말고 먼저 배우는 사람이 되어야 한다. 헤쓰(Heath 1982)의 연구에 따르면, 교사는 현지 문화 속에서 어른들이 아이들을 어떻게 대하는지를 이해해서 이 아이들이 서구식 학교 환경에서 성공적인 학습을 할 수 있도록 도와야 한다. 이렇게 하려면 교사는 교실 밖으로 나가서 아이들과 어른들이 집이나 지역사회에서 어떻게 배우는지를 관찰하는 데 시간을 할애해야 한다. 교사는 아이들이 일상적으로 어른으로부터 어떻게 배우는지, 어른들 간에는 서로 어떻게 배우는지 관찰해서 이러한 방법을 학교에 적절히 적용할 수 있어야 한다. 그 목표는 가정과 지역사회의 관행을 그대로 복사하는 것이 아니라 학생들이 친숙하고 위협을 느끼지 않는 환경에서 배우도록 돕는 것이다. 가정에서 사용되는 학습 방법을 고찰함으로써 교사는 부모들이 사용하지 않는 방법들은 어떤 것이 있는지 분별할 수 있다. 교사는 자신에게 친숙한 방법들을 학생들에게 소개할 때 특별한 주의를 기울이게 된다.

성육신적 교사의 목표는 학생들에게 친숙한 학습 환경을 조성하는 데 그치지 않고 학생들의 이전 경험을 뛰어 넘어 확장시킬 수 있어야 한다. 교사는 학생들이 전통적 학습 방법과 공식적 학습 방법의 성격과 목적을 모두 이해하고 그들이 이 둘을 모두 사용할 수 있게 도와 주어야 한다. 학교 교육이 질문하는 방식의 교육만은 아니지만 이 방식은 오늘날 학생들이 글로벌 경제와 기술 확산에 참여할 때 필요한 도구이다.

예수님은 전통 학습 환경에서 가르치셨던 교육의 대가이셨다. 유대 교육은 모세오경과 예언서를 암기하는 것을 강조한다. 바리새파는 수백 개에 달하는 규칙들을 외우고 일상생활에서 부가적으로 지킬 것을 요구했다. 예수님은 사람들의 전통에서 시작하셨지만 그들의 지식과 관행의 경계선을 넘어서게 이끄셨다. 예수님이 사용하신 기술들을 관찰하면서 전통적인 환경에 적용하고 동시에 학생들이 자신들의 울타리를 넘어서 생각하고 배울 수 있도록 확장시켜야 한다.

예수님이 많이 사용하신 방법 중의 하나가 생각을 요구하는 질문이다. 누가복음을 보면 예수님이 질문을 스무 번 이상 사람들에게 사용해서 가르치셨다(5:22-24; 6:3-5, 9-10). 교사는 질문을 먼저 하여 학생들이 스스로 생각하는 법을 익히도록 할 수 있다. 이러한 질문들은 학업 내용의 중요한 부분을 다루고 학생들은 질문에 답하기 위해 곰곰이 생각하게 된다. 하지만 "정답"을 말해서 교사를 만족시켜야 하는 것이 아니다. 예수님이 그러셨던 것처럼 교사는 질문을 던져서 학생들을 생각하게 만들고 기다린다. 그리고 학생들 속에서 새로운 방식의 사고가 계발되도록 이끌어 간다.

예수님이 가장 많이 사용하신 방법은 이야기 방식이다. 때때로 예수님은 이야기 끝부분에 질문을 던지셨다. 가장 잘 알려진 이야기 중의 하나는 선한 이웃인 사마리아인에 대한 것이다(눅 10:25-37). 이 이야기에서 제사장, 레위인, 사마리아인이 강도를 당해 다친 한 남자가 길가에 쓰러져 있는 것을 본다. 예수님이 사람들에게 묻는다. "이 세 사람 중에 누가 강도 만난 자의 이웃이 되겠느냐?" 예수님은 또한 "요한의 세례가 하늘로서냐 사람에게로서냐?"고 물으신다(눅 20:3). 이 두 경우에서 모두 예수님은 질문을 하셔서 사람들의 행위를 평가하고 도덕적인 행위가 무엇인지 생각해 보도록 하신다.

멕시코시티(Mexico City)에서 사역하는 한 선교사가 성인 학생들에게 스트레스를 주지 않으면서 질문 방식을 잘 활용하여 효과를 본 적이 있다. 학생들에게 성경 본문에 대한 질문들을 주고 답을 고르게 했는데 모든 답이 맞다고 강조했다. 그리고 자신들이 보기에 가장 좋은 답을 고르라고 했고 왜 그러한 선택을 했는지 설명하게 했다. 성인 학생들은 신속하게 응답했는데 일반적인 시험 방식을 사용했을 때보다 더 깊은 통찰을 학생들로부터 이끌어 낼 수 있었다.

예수님은 제자들과 친밀한 관계를 형성하신 후에 보다 어렵고 세밀한 질문을 하셨다. 제자들과만 계셨을 때 "무리가 나를 누구라고 하느냐"라고 질문을 하셨다. 사람들이 하는 말을 제자들이 예수님에게 전했을 때 예수님은 "너희는 나를 누구라고 하느냐?"라고 물으셨다(눅 9:18-20). 어떤 질문을 하는가가 학습에 중요한 역할을 한다.

총체적으로 생각할 수 있는 질문을 하면 학생들은 정답을 말해야 한다는 부담 없이 보다 자신있게 답하려 할 것이다. 다음의 예를 살펴보자.

> 교사가 엎드려서 기도하는 사람들의 사진을 보여 준다. 그리고 "이 사진은 무슨 장면이지요? 이렇게 기도해 본 적이 있나요?"라고 질문한다.

첫 번째 질문은 학생 자신들이 본 것을 기술하라는 질문이다. 두 번째 질문은 학생들 자신의 경험과 연관시킨다. 학생들의 해석을 단지 요구할 뿐이며 위협적인 질문이 아니다. 학생들의 견해를 자연스럽게 표현하고 시사점을 생각하게 한다.

때때로 중요한 질문을 간접적으로 해야 하는 경우가 있다. 특히 윤리나 감정의 문제가 개입될 때 그렇다. 시몬이라는 바리새인이 죄인인 여자가 눈물로 예수님의 발을 씻는 것을 보고 비난하자 예수님은 빚을 탕감받은 사람 둘을 예로 드시면서 바리새인에게 이렇게 질문하신다(눅 7:36-50). "둘 중에 누가 저를 더 사랑하겠느냐"(눅 7:42). 시몬은 "제 생각에는 많이 탕감함을 받은 자니이다"라고 대답했다(눅 7:43) 예수님은 시몬의 대답을 사용하셔서 여인에 대한 그의 태도에 도전하셨다.

이야기나 간접적인 질문 방식은 전통 사회에 속한 사람들과 맞서는 데 효과적인 방법이다. 필리핀의 한 난민촌에서 미국 입국을 준비시키는 사역을 한 선교사가 있었다. 그 선교사는 자신은 몰랐지만 그가 현지인들을 불쾌하게 했다는 것을 후에 알게 되었다. 그 선교사는 미나(Mina)라는 여인이 분명히 자기에게 분노하고 있다는 것을 알고 심하게 좌절되었다. 수업 후에 미나를 만났다. 이 선교사는 칠판에 두 여자를 간단하게 그림으로 그리고 말했다. "왼쪽 여자는 오른쪽 여자가 화가 났다고 생각하고 있습니다. 그렇습니까?" 미나는 칠판을 보면서 "네, 그녀는 이 여자가 아이를 제대로 돌보지 않는다는 암시를 했기 때문에 화가 나 있습니다"라고 대답했다. 칠판에 그린 두 여자를 두고 질문과 대답이 계속 이어졌다. 대화를 마치면서 서로 공격하지 않고 자신의 감정을 표현할 수 있어서 좋았다. 개인적인 문제였지만 간접적으로 대화했기 때문에 누구도 체면을 상하지 않았다.

5. 그룹 학습과 개인 학습

전통 사회 배경을 가진 학생들이 공식 학교 교육에 적응하도록 돕는 방법은 그룹 활동이다. 예수님은 가르치실 때 좀처럼 개인들에 대하여 하지 않으셨다. 예수님의 이야기와 질문은 거의 군중이거나 모여서 식사하는 사람들 또는 열두 제자들에게 하신 것이다. 예수님은 열두 제자들에게 "너희는 나를 누구라 하느냐?"라고 물으셨다(눅 9:20). 여기서 너희는 복수형이다. 예수님은 그룹에게 질문하셨고 베드로만이 대답할 용기가 있었다.

이러한 기술을 적용하자면 교사는 개인별로 답하기보다는 그룹이 답하도록 질문하는 것이다.

교사: 여러분, 27을 3으로 나누면 몇이지요?
학생들: (모두 함께) 9요.

교실에서 모두가 정답을 알고 있는 것은 아니지만 정답을 말하는 많은 목소리 속에 오답은 잠겨서 들리지 않고 틀린 학생은 재빨리 답을 고친다.

서양 교육자들은 개인 학습에다가 그룹 학습을 절충하는 방식을 취해 볼만 하다. 그러나 서양 교육이 개인에게 맞추어져 있기 때문에 서양 교육에 익숙한 교사들은 그룹 학습을 하는 것이 어렵다. 아프리카 학생들에게는 어렵지 않다. 이들은 그룹 안에서 배우는 것이 쉽다. 얍 족에게도 마찬가지이다. 혼자서만 하는 것을 좋아하지 않는다. 그들은 그룹으로 대답하고 시험을 치르고 글쓰기를 좋아한다.

서양 교육자들은 서양 학교에서 그룹 학습법을 도입했지만 절반의 성공이다. 다른 학생들과 그룹 활동을 통해 공동으로 성적을 받으면 우수한 학생은 자신의 성적이 자기보다 못한 학생으로 인해 떨어질까봐 불만이다. 한편, 비서구 학생들이 모두 그룹 중심이고 모든 서양 학생들이 개인 중심이라고 단정해서는 안 된다. 그룹 중심과 개인 중심의 정도가 상당히 다양하고 복잡하다. 예를 들면, 중국 학교의 학급은 보통 50에서 70명인데 숫자가 많아서 협동으로 하는 경우가 있지만 리베리아 학생들 만큼 집단적으로 하지는 않는다(Del Chinchen 1994). 중국 학생들은 개인별 노력을 중시하지만 리베리아에서는 분명히 그룹 학습이 강조된다.

6. 다문화 환경 속에서 가르치기

학교와 문화와 관련하여 또 한가지 중요한 문제는 미국내 신학대학들의 경우 교수와 학생들이 다양한 문화 배경을 가진 상황이 많다는 점이다. 이러한 학교의 경우 한 가지 학습 방법만을 고집해서는 안 된다. 교수는 한 강의실에서 여러 문화를 만나게 되며

각 문화에 적합한 학습 방법을 감지하기는 어렵다. 나는 이러한 문화적 다양성을 강의실에서 경험해 왔다.

예를 들면, 나는 사회변화라는 주제로 대학원생들을 가르쳤었다. 세계화가 경제에 미치는 영향을 설명하기 위해서 시각 자료를 사용해 보았다. 어떤 학생들은 그림을 사용하는 것이 유치하고 시간 낭비라고 생각했다. 다른 학생들은 이 그림 때문에 수업 시간에 있었던 논의를 기억할 수 있었다. 한 학생은 두 학기가 지났는데도 그림들을 연상하면서 수업 시간에 논의된 내용을 기억했다. 반면 그는 내가 강의와 토론방식만을 사용해서 다룬 내용들은 잘 기억하지 못했다.

로스앤젤레스나 뉴욕, 유럽의 도시, 인도의 벵갈로 등 오늘날 다문화 학생들을 가르쳐야 하는 경우가 상당히 많다. 내가 얍 족 학교에서 가르칠 때만 해도 한 교실에 6개의 문화가 존재했었다. 이렇게 다양한 문화적 환경 속에서 교사가 어떻게 150퍼센트의 사람이 될 수 있을지 의문이 들 수도 있다. 교실에 여러 문화가 있는데 그 중에 어떤 문화를 택해서 적용할 것인가? 다행히 문화들은 가치를 공유하는 경향이 있다. 한국, 중국, 일본의 문화가 서로 상당히 중요한 차이점이 있다 하더라도 가족과 교육에 대하여 서로 유사한 유교적 가치를 가지고 있다. 학생들을 관찰하고 배우고자 하는 교사들은 이러한 가치들을 발견해서 학습 방법을 확장할 수 있을 것이다.

교사들이 모든 문화들의 차이를 반영해서 가르치는 것은 불가능하지만 학생들의 문화적 다양성에 민감한 효과적인 교사가 될 수 있다. 교사가 해야 할 가장 중요한 사항은 학생들에게 상황을 잘 설명해 주고 그들의 교수방식을 명확하게 하는 것이다. 그러나 학생들과 자연스럽게 만나서 그들이 자유롭게 얘기하는 것을 듣고 교육 방식에 적용하는 것보다 더 좋은 길은 없다. 듣는 방법을 통해 교사는 또한 학생들의 신뢰를 얻는다.

7. 탐구 질문

(1) 당신의 학생들은 강의실에서 서로 어떻게 소통하는가? 함께 해서 함께 대답하고 동일한 성적을 받는 것을 좋아하는가? 그룹으로 하기 좋아하는 것들과 개별적으로 하기 좋아하는 것의 목록을 작성하고 비교해 보라.

(2) 가능하다면 미국 교실과 비서구 교실을 관찰해 보라. 각 교실에서 교사와 학생들이 사용하는 질문이 무엇인지와 사용되는 빈도를 기록하라. 그리고 비교해 보라.

타문화 사역과
교육

TEACHING
Cross-Culturally

5
지능과 학습유형

    1979년에 미크로네시아(Micronesia)의 얍 족 섬에서 남편과 나는 리서치를 하면서 초등학교 3학년인 아들 조엘을 집에서 번갈아 가르쳤다. 리서치를 하면서 아이를 가르치는 것이 쉽지는 않았다. 우리는 조금만 지도하고 점검해 주면 조엘이 산수와 사회 과목을 잘 할 것이라고 생각했다. 그런데 그렇지가 않았다. 산수 문제를 풀어 보라고 주었는데 집중하지 못했고 몇 문제밖에 되지 않는데 한 시간이 걸렸다. 빨리 하도록 두 주 동안 격려도 하고 혼내기도 했지만 소용이 없었다. 나는 지친 나머지 조엘에게 이렇게 물었다. "10 빼기 4는 뭐지?" 조엘은 즉시 "6이요!"라고 대답했다. 또 물었다. "19 빼기 7은?" 조엘은 즉각적으로 "12요"라고 대답했다. 조엘은 말로 대답해서 10분 동안 1 페이지를 모두 정확하게 풀었다. 조엘이 잘하는 것을 보고 우리는 놀랐고 다음부터는 모든 산

수 문제를 말로 풀기로 했다.

몇 개월 동안 우리는 조엘이 가장 효과적으로 학습할 수 있는 방법이 무엇인지 알아보기 위해 여러 가지로 시도해 보았다. 우리는 글씨를 쓰는 것이 조엘에게는 힘이 든다는 것을 발견했다. 조엘은 작문 숙제를 하느라 항상 애를 먹었다. 그러나 우리는 조엘이 글을 읽고 이해하는 것과 말로 산수 문제를 푸는 것에 강하다는 것을 알게 되었다. 그리고 혼자 하게 하는 것보다 우리가 곁에 앉아 있으면 훨씬 잘하는 것도 알게 되었다. 우리는 교사로서 전략을 수정하였다. 조엘이 혼자 공부하고 간혹 우리가 도와주면 4시간이 걸렸으나 우리와 대화하면서 공부하니까 2시간으로 줄어 들었다. 그의 학습은 굉장히 향상되었다. 뉴욕으로 돌아와서 조엘은 3학년 반에 들어갔는데 학급에서 작문을 제외하고는 모든 과목을 잘했다.

1. 학습유형

사람들이 정보를 처리하는 방식을 학습유형이라고 부른다. 그것은 사람의 뇌가 새로운 정보를 분류하고 범주화하는 인지적 전략을 가리킨다. 로잘리 코헨(Rosalie Cohen 1969)은 학습유형과 학교 교육의 관계성을 연구했다. 그녀는 미국 흑인 학생들이 왜 백인 학생만큼 학교에서 성과를 내지 못하는지가 주된 연구 관심사였다. 흑인 부모들이 정보를 처리하는 방식을 살펴보니까 학습은 철저하게 관계에 입각한 것이었다. 그녀는 흑인들은 관계적 학습을 좋아하는 반면 백인들은 분석적 학습을 선호하고 있음을 발견했다. 다른 학자들도 이와 유사한 연구결과를 제시했는데 "시각적 학습유형과 언어적 학습유형", "세계적(global) 학습유형과 이분법적(dichotomous) 학습유형"으로 구별하였다(Mayers 1987).

이 두 가지 유형의 차이점은 사람들이 새로운 정보를 어떻게 분류하는가와 관계가 있다. 관계적 혹은 세계적 학습자는 전체를 먼저 보는 반면 분석적 혹은 이분법적 학습자는 부분들을 먼저 보고 나서 부분들을 전체에 연관시킨다. 어떤 문화들은 세계적(global) 전략을 중시하는데 시각적으로 배우고 글 전체를 외우고 행동에 참여함으로써 배운다. 다른 문화들은 언어적, 분석적 사고 방식을 중시하는데 탐구 질문을 하거나 대상, 이야기, 논쟁을 구성요소들로 나눈다. 분석적 학습자는 부분들을 분류한 후 재구성하여 새로운 형태를 만들고 설명이나 논쟁을 전개한다.

비서구인들이 모두 세계적 학습유형이고 서구인들은 모두 분석적유형이라고 단정하는 것은 옳지 않다. 학습유형은 문화적일 뿐 아니라 개인적이기도 하기 때문이다. 내 아들인 조엘의 경우를 보면 관계적 환경에서 학습을 잘한다. 1980년에 내가 얍 족 고등학교를 조사했을 때 많은 학생들이 세계적 학습유형을 선호했지만 일부 학생들은 분석적이었다(J. E. Lingenfelter 1990). 특히 마이크라는 학생은 아주 분석적이었다. 미국에 와서 공부할 때는 아주 잘 했으나 얍 족 섬으로 돌아가서는 잘 적응하지 못했다. 그는 늘 의문을 제기했는데 얍 족 사람들은 나에게 그가 오만하다고 말했다.

얍 족 사람들은 그가 모든 것을 아는 것처럼 행동하고 자기들의 방식을 의문시 한다고 생각했다. 그는 연장자들에게 위협이 되었기 때문에 거부당했다.

대부분의 학자들은 지능을 상이한 환경 속에서 복잡한 문제들을 푸는 능력으로 간주한다(Gardner 1983). 이러한 정의를 반영하는 것이 IQ(Intelligence Quotient, 지능지수)이다. 이것은 학교에서의 성공능력만을 측정한다. 내 아들 조엘과 얍 족 학생 마이크는 둘 다 문제해결능력이 뛰어난 지능이 있는 청소년이다. 그러나 이들은 자신의 특유한 학습유형을 인정하지 않는 문화 속에서 살고 있었다.

재클린 굿나우(Jacqueline Goodnow 1990)는 "인지 사회화"(The Socialization of Cognition)라는 탁월한 연구를 했는데 전세계에 있는 사람들은 문제 해결법을 배울 뿐 아니라 어떤 문제가 풀 가치가 있는지를 배우고 단지 가능한 해결법이 아니라 바람직한 해결법을 찾고자 한다는 것이었다. 그녀는 어떤 지식은 중요하게 여겨지고 어떤 지식은 무시되며 어떤 지식은 부적절한 것으로 취급된다고 한다. 더 나아가, 지식을 얻으려고 할 때보다 널리 인정되는 방법이 있고 지식을 얻는 특정한 추구 방식이 정해져 있을 수 있다는 것이다. 이 연구는 문화의 중요성을 보여 주며 새로운 환경에서 가르치는 사역을 할 때 먼저 환경을 관찰하는 데 시간을 들여야 한다는 점을 재확인해 준다.

2. 지능에 대한 문화적 정의

몇몇 학자들은 문화에 따라 지능을 어떻게 이해하고 있는지에 대하여 조사했는데 이것은 보통 IQ라고 하는 지중지수를 보다 균형있게 이해할 수 있게 해 주는 연구였다. 잠비아에서 20년 이상 살았던 인지 심리학자인 로버트 서펠(Robert Serpell 1993)은 추와(the Chewa) 사람들의 학교 학업에 대하여 장기간에 걸친 연구를 했다. 추와 사람들은 지능이 지혜, 영리, 책임성이라는 세 가지 요소로 구성된다고 보았다. 이 중 한 가지나 두 가지만 가지고 있는 사람은 그렇게 지능이 높은 사람이 아니라고 보았다. 노예 시대 동안 아프리카에서 미국으로 건너 간 브레 레빗(Brer Rabbit)의 이야기는 영리함은 있지만 다른 두 가지 덕목이 없었기 때문에 진정한 지능이 결핍된 경우이다. 브레 레빗은 영리했지만 그는 책임감이 없었다. 추와 사람들은 아이들을 심부름 보냄으로써 책임감과 신뢰성을 가르친다. 심부름은 메시지를 전달하는 방법이지만 더 나아가 부모들이 "심부름 가고자 하는 아이들"을 지능있는 아이들로 간주하는 방식이다. 이와 같은 신뢰성이 지혜와 영리함을 보완해야 한다는 관점은 잠언서의 가르침과 일맥상통한다.

하워드 가드너(Howard Gardner 1983) 역시 인지 심리학자인데 문화에 따라 지능에 대한 개념이 어떻게 다른지를 조사했다. 지능은 IQ보다 광범위한 개념이라고 보면서 그는 수백 명을 조사했다. 지능을 하나의 개체로 이해하는 것은 너무 단순한 생각이라고 보고 "지능들"(intelligences)이라는 개념을 사용했다. 따라서 질문은 "얼마나 똑똑하니?"가 아니라 "어떤 면에서 똑똑하지?"가 된다. 그는 지능을 가늠하는 기준들로 다음의 요소들을 제시한다.

① 뇌의 손상으로 인한 능력 상실(언어 능력과 같이 특정 능력이 파괴되거나 손실됨).
② 전반적으로 지적 능력이 일반인보다 떨어지나 특정 부분에서는 훨씬 뛰어난 경우(장애가 있지만 특별 재능이 있는 사람), 영재, 그리고 예외적으로 뛰어난 능력을 가진 사람들(영화 레인맨에서 더스틴 호프만은 일상 생활 능력은 정신적으로 뒤쳐졌지만 수학 능력이 탁월했고 모차르트는 어렸을 때 복잡한 곡을 만들었다).
③ 허점과 완벽을 감지하는 비평능력(오케스트라 지휘자인 아르투로 토스카니니는 백 명 중 한 명의 연주자가 F 대신 F 샵을 연주했다고 연주 연습 중에 중단했다).
④ 확연하게 출중한 활동 (마이클 조단의 농구 실력과 아인슈타인의 상대성 이론)

가드너(Gardner)는 전 세계적으로 나타나는 일곱 가지의 지능 영역들을 발견했다.

① 언어: 언어의 다양한 측면들
② 음악: 음의 고저와 리듬감. 예를 들면, 악기 연주자, 성악가, 작곡가. 가드너는 이러한 지능이 가장 초기에 나타나는 지능이라고 말한다.

③ 논리, 수학: 추상적인 논리 세계를 조작함. 예를 들면, 리베리아의 크펠 게임이 있는데 참여자들은 3백이 넘는 경우의 수를 생각해야 한다. 어떤 수학가들은 숫자를 조작하는 것과 새로운 것을 산출하는 재미 때문에 문제를 푼다.

④ 공간: 형태를 만들어 내거나 조작하는 것. 예들 들면, 화가, 실내 디자이너, 항해사

⑤ 신체운동: 신체를 잘 움직여서 어렵고 복잡한 동작을 함. 예를 들면, 발레, 샤킬 오닐같은 농구선수, 마르셀 마르코(Marcel Marceau)같은 마임을 하는 사람

⑥ 자신의 감정 등 내적인(internal) 개인적(personal) 활동: 철학가나 신비주의자

⑦ 다른 사람들의 감정, 사고, 외적 활동, 기대감을 분별하여 의미있는 인간 관계를 형성하는 외적인(external) 개인적(personal) 활동: 사람들과 친화적인 목사, 상담자, 비즈니스 리더

위에서 보면 언어와 외적인 개인적(external personal) 활동만이 말로 하는 활동이다. 나머지 다섯 가지 지능 영역은 정신적, 신체적 기능과 관련이 있다. 일곱 가지 중 가드너는 개인적 지능이 세계 여러 사회에서 아주 중요한데 무시되고 있다고 말한다. 그리고 사람들은 이러한 여러 지능들을 다양한 수준으로 가지고 있다. 최근에 가드너는 이 목록에 자연적 지능을 더했는데 아마도 아홉 번째 지능으로는 존재적 지능을 삼을 것 같다.

"최고" 수준이 각 문화마다 무엇을 가리키는지를 생각해 보면

지능의 성격을 보다 잘 이해할 수 있다. 세계 여러 나라 중 음악이 문화에서 중요한 자리를 차지하고 있는 나라는 어떤 나라들인가? 가수들, 댄서들, 악기 연주자들은 모두 음악적 지능을 가지고 있다. 모차르트, 쇼팽은 그들의 문화권 속에서 최고의 음악가이다. 그런데 이러한 음악적 지능이 계발되는 것은 여러 요소가 합쳐져서 가능하다. 예를 들면, 얍 족 사람들은 그들 고유의 악기가 없고 부모들은 전통 춤을 출 때 외에는 노래를 하지 말라고 가르친다. 얍 족 어린이들이 상당한 음악적 지능을 가지고 태어나더라도 부모들은 음악 활동을 장려하지 않는다. 얍 족인들이 춤을 출 때만 하는 노래를 여럿이 함께 따라 부름으로써 배우고, 노년의 가수가 사망한 후 중년이 되어서야 이들은 비로소 가인으로 활동한다. 얍 족인들은 이 중년 가인들 중에서 누가 최고로 잘 부르는지를 금방 알아차린다. 이와 대조적으로 인도네시아의 자바인들은 춤과 음악이 일상화되어 있고 자녀들에게 춤과 노래, 악기 연주를 하라고 권하는데 이른 시기부터 음악적 지능이 계발되는 것이다.

일곱 가지의 지능 영역 각각은 문제해결 능력과 실기능력(performance abilities)을 포함하며 이 둘의 조합 정도는 개인에 따라 다르다. 내가 잘 아는 한 친구는 외적인 개인적 지능(external personal intelligence)이 완벽할 정도로 뛰어나다. 그는 세계 각처에 수 많은 사람들과 친분을 쌓는 특별한 능력이 있다. 그는 문화에 적합하지 않는 행동을 하였을 경우 빨리 알아차리고 사과를 하고 고친다. 은퇴해서 플로리다 주로 이주한 후에 나에게 말하기를 이제 완전히 새로운 사람들을 그 곳에서 접할 것이기 때문에 정신적인 준비를 해야 한다고 했다. 우리들은 이주한다고 하면 이사와 주택에 대하여만 생각하는데 그는 대인관계를 심각하게 생각한 것이다.

정신과 신체에 대한 가드너의 연구는 남성과 여성이라는 하나님의 창조의 심오성을 생각하게 해 준다. 그러나 불행하게도 가드너의 지능 이론은 도덕, 성품, 영적 요소를 포함하지 않으며 책임성과 신뢰성을 중요하게 고려하지 않는다. 가드너의 서구적 과학적 편향성은 전체라는 총체성을 놓치고 있다.

3. 가르치는 것에서 배우는 것으로

가드너의 연구와는 달리 우리는 하나님이 그의 형상대로 인간을 지으셨고 따라서 우리 자신들이 하나님의 정신을 일부 반영하고 있다는 가정에서 출발해야 한다. 성경은 하나님이 인간을 신체와 영혼으로 혹은 신체(body), 마음(mind), 영(spirit)으로 지으셨다고 말씀한다. 문화에 갇혀 있는 인간은 하나님의 창조 역사와 목적, 의미를 왜곡한다. 이러한 왜곡이 서구 문화에서는 분석적 학습유형과 언어, 논리, 수학 지능을 최우선시 하면서(표 5-1과 제 3장을 참조하라) 하나님의 창조 사역의 도덕적, 영적 측면은 도외시하는 양상으로 나타난다.

표 5-1 학습유형과 지능

전통적 학습	공식적 학교 교육
관계적 학습유형 시각적 글로벌 실례(example) 이야기(narrative)	분석적 학습유형 언어적 이분법적 질문 명제(proposition)
강조되는 지능 외적이고 개인적(external personal) 공간적 몸 동작	강조되는 지능 언어적 논리적/수학적 음악적 내적이고 개인적(internal personal)

이러한 왜곡을 반영하는 서구 학교의 문화는 명제 중심 교육을 강조하고 관계적 학습을 경시한다. 반면 비서구적 문화에서는 관계적 학습유형과 외적 지능으로서의 개인적, 공간적, 신체적 운동 지능을 주로 강조하는 것으로 왜곡이 나타난다.

롤랑 알렌(Roland Allen 1930)과 찰스 크래프트(Charles Kraft 1983, 1999)는 이러한 왜곡이 19세기와 20세기 기독교 선교와 교육에 만연했음을 지적했다. 크래프트(1999, 33-54)는 이러한 왜곡을 시정하고 예수님의 의사소통 방법을 교회와 학교에서 사용할 것을 호소한다. 크래프트는 예수님이 비유와 이야기를 사용하여 사람들을 가르치고 제자들을 훈련하신 것을 주목한다. 예수님은 제자들을 데리고 다니시면서 자신의 삶과 사역을 철저하게 나누셨다. 예수님과 제자들은 함께 길을 걷고 먹고 제자들은 예수님이 가르치시는 것을 보고, 함께 기도하며 기적을 보고, 겟세마네 동산에서 함께 자기도

했다. 오랫 동안 보고, 듣고 함께 사역한 후에 예수님은 두 명씩 짝지어 보내시며 그동안 보고 배운 것을 실천하게 하셨다.

예수님의 방식을 주의깊게 살펴보면 관계적 방법과 분석적 방법이 함께 사용된 것을 알 수 있다. 예수님이 택한 방법은 비유였고 관계적 환경을 선호하셨다. 예수님은 "나를 따르라"고 학생들에게 말씀하셨다. 그러나 예수님은 질의 응답을 통해 그들로 하여금 고정관념을 뛰어 넘어서 분석하게 하셨다. 예수님은 때로 강의하셨고 때로 설교하셨다. 예수님이 주신 과제물과 테스트는 실제적인 것이었다.

> 갈지어다!…전대나 주머니나 신을 가지지 말며…거기 있는 병자들을 고치고 또 말하기를 하나님의 나라가 너희에게 가까이 왔다 하라 (눅 10:3-4, 9).

> …네게 있는 것을 다 팔아 가난한 자들에게 나눠 주라…그리고 와서 나를 따르라(눅 18:22).

타문화권 교육 사역자들은 소수의 학생들에게만 집중되는 학습 방법을 취하는 문화적 울타리로부터 벗어나야 한다. 우리는 다른 사람들의 교육 문화를 뭔가 부족한 것으로 생각하고 우리의 문화를 우월하게 생각하는 경향이 있다. 크리스천 교사로서 우리는 "남을 나보다 낫게" 여겨야 한다(빌 2:3). 그런데 우리는 우리의 방식과 재능을 우월하게 여긴다. 교사로서 우리는 먼저 배우는 자가 되어야 한다. 학생들의 다양한 지능 영역들을 주의깊게 관찰하고 학생들의 문화 속에서 특유한 학습 방법들을 발견해야 한다.

어얼 보웬(Earle Bowen)과 엘리뇨 보웬(Eleanor Bowen)은 케냐 학생들의 학습 형태를 연구했는데 교사가 관계적 학습 방법을 사용할 때 교육이 가장 잘 된다는 것을 발견했다(1986). 그리고 교실에서 관계적 방식으로 교육하는 실제적 방법들을 제시했다(표 5-2).

신디아 토비아스(Cynthia Tobias 1994)는 어떤 학생들은 신체 운동 지능을 활용할 때 훨씬 잘 배운다는 것을 발견했다. 이 학생들은 계속 앉아 있는 것을 어려워 하며 몸을 움직여야 학습에 집중한다. 어떤 학생들은 말을 통해 잘 배우고, 또 어떤 학생들은 음악이나 시각을 통해 잘 배우며 또 다른 어떤 학생들은 조용하게 통찰할 때 잘 배운다.

복음서들은 예수님이 이러한 다양한 학습 환경에서 취하신 방법들을 보여 주고 있다. 누가는 예수님이 길에서 가르치셨고 예루살렘을 향해 가시면서 가르치셨으며 사람들이 앉고, 서고, 놀이하고 서로 이야기하는 평지에서 가르치셨다고 기록하고 있다. 예수님은 일상 생활 중에서 어떤 순간을 포착하여 함께 있던 사람들에게 가르치시곤 했다(눅 14장). 많은 경우 대화 형태였는데 예수님의 발을 눈물로 씻던 창녀를 시몬이라는 바리새인이 비난했을 때가 그 중의 한 예이다. 예수님은 그림을 통해 생각하는 사람들에게는 그림 방식을 취하셨고 말과 언어적 논리성을 좋아하는 사람들에게는 시적 표현을 사용하셨다. 가장 가까운 사람들에게는 정숙과 통찰, 기도의 학습 방법을 사용하셨다.

표 5-2 관계를 중시하는 아프리카 학생들에게
효과적인 교육 방법(Bowen 1988, 8-11)

1. 강의 개요서를 제공한다.
2. 전체 과목의 내용을 말로 약술하여 설명한다.
3. 각 과마다 다룰 내용을 훑어 준다.
4. 각 과마다 중요한 사항을 지적해 준다.
5. 자주 응답을 주고 내용을 확신시켜 준다.
6. 큰 과제보다는 작은 과제를 여러 개로 나눠서 준다.
7. 관계 중심적인 학생들은 다른 사람들의 평가에 훨씬 민감하다는 것을 유념하라.
8. 학생들이 그룹으로 작업하게 하라.
9. 프로젝트를 줄 때는 구조와 지침을 제공하라.
10. 교재를 정해주든지 강의 노트 복사물을 제공하라.
11. 시각 자료를 많이 사용하라.
12. 내적 동기보다는 외적 동기를 사용하라.
13. 시각적 모델과 실례들(examples)을 사용하라.
14. 학생들 자신의 방식을 활용할 수 있게 하라.
15. 인쇄물, 그림 등의 강의 보조 자료를 사용하라.
16. 사회적 관계를 반영하는 재료를 사용하라(사람들이나 상황에 관계된 것들).
17. 평가 기준을 알려 주고 성적을 평가하라.
18. 학생들이 처음 접하는 새로운 방법에 대하여서는 설명을 해 주라.

그런데 이미 학습 문화가 규정되어 있는 교실에 어떻게 다양한 교육 방식을 도입할 수 있을까? 많은 미국의 교육자들이 가드너의 연구를 반영하여 언어적 지능과 수학적 지능에 국한하지 않고 그 이상으로 학생들을 훈련하려고 한다. 이러한 경우에 그들이 직면해야 할 도전은 학교 고유의 커리큘럼에 반하지 않으면서 여러 지능 영역들을 적절히 포함시키는 것이다. 예를 들면, 교사는 사람들이 "기대하는" 교육 방식들을 교실에서 모두 소화한 후 학생들을 자신의 집으로 초대하여 교실에서 다룬 개념들을 사용하는 시간을 갖게 한다. 이 저녁 시간은 또한 음식을 먹으며 교제하는 사교적 시간이 된다. 학생들이 수업 시간에 익힌 개념들을 극적으로 표현함으로써 마음 속에 더 뚜렷이 각인되며 이것은 여러 지능 영역들이 작용하기 때문이다.

하나님은 개인들의 뇌를 각각 다르게 지으셨다. 연구자들은 교사들이 각각의 학생들을 가장 효과적으로 도울 수 있는 유형을 발견하기 위해 노력한다. 한 교사가 모든 지능 영역들과 학습유형들을 가동할 수는 없지만 창의성을 중요시하며 가르치는 사역을 해야 한다.

4. 탐구 질문

(1) 당신의 학생들 부모에게 그들 문화권에서 누가 똑똑한 사람인지 이름을 말해 보라고 하라. 그들의 어떤 점 때문에 똑똑하다고 생각하는지 물어보라.

(2) 젊은이들이 어떻게 다른 사람들로부터 새로운 기술을 배우는지 알아보라. 실을 짜고 정원을 정돈하고 트럭 엔진을 수리하는 법을 어떻게 배우는지 관찰해 보라.

(3) 학생들을 당신의 집으로 오게 하여 수업 시간에 배운 개념을 연극으로 표현하게 해 보라. 이 경험에 대하여 다음 수업 시간에 학생들과 토론을 해 보라.

타문화 사역과
교육

TEACHING
Cross-Culturally

6
교사의 역할

　　수년 전에 아시아의 한 대학에서 집중 강의를 한 적이 있다. 여러 명의 미국 교수들이 순차적으로 방문해서 강의하는 프로그램이었는데 2, 3주간의 집중강의였다. 첫 해에 강의할 때 이 대학이 상당히 위계적인 구조인 것을 느꼈기 때문에 나는 강의 중심의 방식을 취했다. 그런데 여러 미국 교수들이 강의하면서 학생들 속에 변화가 일어났다. 학생들이 상호 교류적인 방식으로 가르치는 교수들을 좋아하게 된 것이다. 그러나 세 번째로 강의하러 갔을 때 학생들의 존경하는 태도가 상당히 변해 있었다. 학생들은 개방적인 강의 스타일을 선호하게 되었고 자신들의 문화를 거기에 맞추었지만 이러한 개방적 방식을 지탱하는 질서와 절제에 대해서는 배우지 못한 것이었다. 하나의 새로운 교육 방식을 도입했지만 이에 필요한 문화적 규칙과 규범을 알려주지 않아서 바람직한 교육이 되지 못했다.

　타문화권에서 가르치는 사람들은 학생들이 교사의 방식이 어떠해야 한다는 고유한 관점을 가지고 있다는 것을 알게 된다. 나의 고유한 문화적 배경이 내가 가르치는 학생들의 고유한 배경과 충돌하곤 했는데 과제물 제출과 질의응답에 대해서였다. 전에 중학교에서 미국 흑인 학생들을 가르칠 때 나는 마치 이방인이 된 기분이었다. 아프리카에서 사역하는 동료들로부터 들은 바로는 아프리카에서는 학생들이 부모의 역할을 교사로부터 기대한다는 것이었다.

　유교식 교육과 서구식 교육이 서로 대조가 된다. 홍콩에서의 한 연구에 따르면 유교적 윤리를 따르는 학생들은 교사에 대하여 절대로 의문을 제기해서는 안 되는 권위자로 여긴다는 것이다(John Flowerdew and Lindsay Miller 1995, 348). 유교적 가정의 가치는 학생들이 탁월하도록 동기를 부여하고 그룹 성취 중심적이다. 이와 대조적으로 서양 학생들은 교사를 안내자로 간주하고 교사에게 도전할 수 있다고 생각한다. 개인의 욕구와 개발이 강조된다. 모든 서구 사회가 동일하지 않은 것처럼 아시아의 여러 사회도 똑같지만은 않지만 이러한 대조는 교육 방식의 차이를 이해할 수 있는 좋은 출발점이 된다.

　패트리샤 퓨리(Patricia Furey)는 타문화권에서의 영어 교육에 대하여 연구했는데 교사가 현인/학자, 상담자/조언자, 개인교사, 보호자 등 다양한 역할을 해야 한다는 점을 발견했다(1986, 20). 또한 개인주의와 집단주의라는 차이가 학생들이 교사에 대하여 갖는 수

용적 태도에 큰 영향을 미친다는 것을 발견했다. 교사들은 타문화권 교실에서 자신이 학자, 상담자, 조언자, 개인교사 혹은 보호자 중 어떤 역할을 소화해야 하는지 어떻게 하면 알 수 있을까?

1. 교육의 사회적 환경

교육은 학교보다 훨씬 큰 문화적 상황 속에서 일어난다. 효과적인 교사가 되려면 그러한 상황이 교사의 역할과 학생의 역할, 교육과 학습의 역동성에 영향을 준다는 것을 인식하고 있어야 한다. 처음에는 이러한 역할이 너무 힘들어 보인다! 사람들은 다른 언어와 문화를 배우기 위해 수년을 보내지만 어릴 때부터 배운 사람들에게는 미치지 못한다. 감사하게도 문화인류학자들이 타문화 학습 도구들을 계발하였기 때문에 문화 이해를 보다 빨리 할 수 있게 되었고 가르치는 사역에 꼭 필요한 구체적인 문화적 요소들에 역점을 둘 수 있게 되었다. 학교는 공적 장소이며 더 큰 지역사회의 일부이고 학생들은 가정 환경으로부터 학교로 온다. 따라서 먼저 살펴보아야 할 곳은 학생 가족과 지역사회의 성격이다. 내 저서에서 가족과 공동체의 핵심 요소들을 발견하는 조사 도구를 제시했었다(Sherwood Lingenfelter 1996, 1998). 교육 및 학습의 사회적 환경을 밝혀내는 비교의 틀로서 동일한 조사 도구를 여기서 사용하기로 한다.

먼저 고려해야 할 변수는 한 사회 속에서 가족이나 공동체와 같은 집단적인 기대감에 얼마나 일치하려고 하느냐 하는 점이다. 앞에서 유교적 사회와 서구 사회를 대조하였는데 유교 가정 출신 학생들은 부모의 기대감이라는 압력을 느끼고 가족의 명예를 중요하게 여긴다. 학생이 잘하면 학생의 가족과 학생 모두 긍지를 느끼고 즐거워 한다. 그러나 잘못하면 가족과 학생은 수치스럽게 느끼고 학생은 집단 속에서 수치감으로 인해 숨게 된다. 학생의 배움과 성취는 가족의 명예나 기대감과 직결된다. 그런데 서양 문화 배경을 가진 학생들은 이러한 집단적 부담감을 가지지 않는다. 서양 학생들은 대부분 자신의 가족을 존중하지만 그들의 배우고자 하는 동기는 개인적인 관심과 목표에서 비롯된다. 부모가 학생에게 공부하라고 개인적인 압력을 주기는 하지만 가족과 공동체로부터의 집단적인 압력은 거의 없다. 각 개인이 명예를 얻으며 다른 학생들과의 경쟁은 개인적으로 인정을 받고자 함이다.

두 번째로 중요한 변수는 교사 역할을 얼마나 구별 짓는가와 이러한 역할에 대하여 어떤 지위를 부여하는가이다. 예를 들면, 유교 문화에서 교사는 특별히 높은 존경을 받으며 사회적 지위가 높은 쪽에 속한다. 교사는 권위를 가지며 학생들은 교사의 말에 의문을 제기하지 않는다. 교사는 절대적으로 존경받으며 교사가 교실에 들어오면 학생들은 항상 일어서고 교사가 하는 말을 주의깊게 듣고 말 한마디 한마디를 받아 적는다. 서양 교사의 역할은 다양하다. 어린이 교사는 권위가 있고 존경을 요구하지만 학생들의 질문을 기꺼이 받으며 논쟁도 허락한다. 십대와 성인들의 교사는 "동료 전문가"(peer expert) 역할을 하는데 교사는 학생들에 대하여 생각하기를 교사처럼 전문성은 없지만 학습과정의 동반자이자 동료로 간주한다. 교사의 역할에 대한 문화적 차이는 구분의 정도와 지위의 정도에 의해 좌우된다. 서양의 교사나 유교적 교사나 모두 특별한 역할과 권위를 가지지만 유교적 교사가 훨씬 높은 지위를 가지고 학생들과 뚜렷이 구별되는 존재로 인식된다.

각 사회는 위에서 말한 두 가지 변수에 따라 사회적 관계가 규정된다. 사람들은 개인의 자율성, 집단과의 일치성, 혹은 이 양자의 혼합 중에서 선택을 해야 한다. 집단과의 일치성에 대하여, 그리고 사회적 지위와 역할의 구분에 대하여 그 강약의 정도가 다양하게 나타날 수 있다.

그림 6-1 네 가지 사회적 게임

	+역할	
관료적 게임 지위/역할의 구분		**위계적 게임** 내부인/외부인 지위/역할의 구분
−그룹		그룹+
개인의 자율 **개인주의적 게임**	−역할	내부인/외부인 **동등주의적 게임**

이 두 가지 변수를 사용하여 네 가지의 사회적 유형을 설정해 볼 수 있다(그림 6-1). 이 유형들을 네 가지 "사회적 게임"(social game)이라 부르기로 한다. 게임이라는 표현을 쓰는 이유는 첫째, 사람들

은 하나 이상의 사회적 게임에 참여할 수 있고 관심과 참여의 정도가 다양하기 때문이다. 둘째, 이러한 사회적 게임들은 참여자의 의지에 따라 배울 수 있고, 확장되고 조정되며 변경될 수 있다. 셋째, 사람들은 자신의 삶이 달려있는 것처럼 사회적 게임에 심각하게 매달리기도 하고 반대로 별 관심을 두지 않기도 한다. 넷째 게임이라는 표현이 유용한 이유는 운동 경기의 구조가 사회적 관계 구조와 평행을 이루기 때문이다.

각각의 사회적 상황이나 게임마다 특유한 규칙과 기대가 존재하며 참여자들은 이러한 규칙에 따라 움직여야 인정받고 효과를 낼 수 있다. 예를 들면, 미국 학교에서는 학생들은 교사가 부모처럼 행동하는 것을 원하지 않으며 그럴 경우 분노한다. 반면 가족 안에서는 자녀는 자신의 부모가 교사와 같은 역할을 하여 자신들의 아이들을 돌봐 주기를 바란다.

그룹 의식의 정도에 따라 위계적(hierarchist) 게임과 동등적(egalitarian) 게임으로 나뉜다. 그룹 의식이 강할 경우 내부자와 외부자를 구별하는 경계선이 뚜렷하다. 그룹의 생존이 개인의 생존보다 더 중요하고 개인의 정체성은 그룹 안에서 발견된다. 강한 그룹 성향의 일례가 바로 청소년 갱단이다. 그룹원들은 입회식을 통해 가입하고 같은 복장을 하고 말하는 투가 같고 요청을 받으면 서로 지원한다. 어떤 갱단들은 그 그룹에서 떠날 수 있는 유일한 길이 죽음이다.

이와 대조적으로, 미국 대학은 약한 그룹 성향을 띠는데 동등적(egalitarian) 게임과 개인주의적(individualist) 게임 유형이다. 강의실은 입학허가를 받고 학비를 낸 학생들이면 누구나 들어 올 수 있다. 학생들은 강의실에 함께 있는 것 외에는 서로에게 의무가 없다. 날씨에 따라 복장을 택하고 때로는 과제물 제출을 잊으며 강의실 밖에서 다른 학생들과 지속적으로 교제할 필요가 없다. 그룹 관계가 있기는 하지만 그렇게 중요하게 생각되지 않고 개인의 자율성을 침해해서는 안 된다.

그림 6-2 네 가지 교사 역할

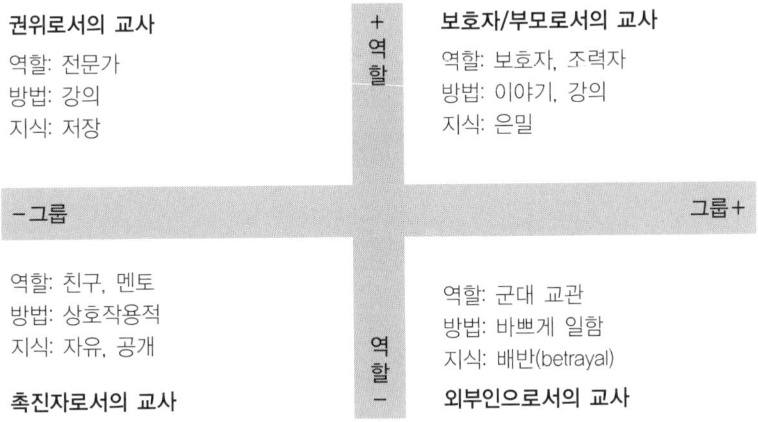

권위로서의 교사
역할: 전문가
방법: 강의
지식: 저장

+ 역할

보호자/부모로서의 교사
역할: 보호자, 조력자
방법: 이야기, 강의
지식: 은밀

−그룹   그룹+

역할: 친구, 멘토
방법: 상호작용적
지식: 자유, 공개

촉진자로서의 교사

역할: 군대 교관
방법: 바쁘게 일함
지식: 배반(betrayal)

외부인으로서의 교사

역할 −

권위적(authoritarian) 게임과 위계적 게임은 지위(status)와 역할(role)이 분명히 차이 나는 유형이다. 중국인 가정의 장손, 아프리카의 작은 마을에서 유일한 박사학위자, 남미의 한 큰 회사의 사장이 있다고 하자. 각각의 역할은 특유한 성격이 있다. 사회는 각 역할에 대한 기대치가 있고 아주 소수의 사람들만이 이러한 역할을 맡을 수 있으며 이들은 기대를 충족시켜야 한다. 사람의 나이, 성,

직함, 부모, 재산이 관계에 영향을 준다. 예를 들면, 한국의 대형 교회 담임목사가 방문자에게 차를 직접 대접하지 않는다. 이것은 여비서가 해야 할 일이다. 대학의 시설관리부에서 일하는 사람이 급여 수표를 발행하지 않는다. 이것은 재정부장의 일이기 때문이다. 사람들은 자기가 어디에 속하는지를 알고 있다.

개인주의와 동등주의적 게임은 역할을 강조하지 않는다. 지위의 차이와 역할의 차이를 분명히 인식하고 있지만, 이러한 차이를 부각시키지 않는다. 오히려 개인의 재능이 강조된다. 어떤 역할에 관심과 재능을 가진 사람이 그 역할을 맡도록 열려 있다.

학교 문화는 더 큰 공동체 사회의 사회적 성향을 반영한다. 권위적 게임이 강한 사회에서는 교사는 권위를 가진 사람으로 간주된다. 다른 한편으로 개인주의적 게임이 강한 사회에서는 학교는 보다 많은 개인적 자유를 허락하고 교사는 촉진자의 역할을 한다. 그림 6-2는 네 가지 사회적 게임 유형에서의 교사의 역할을 보여준다.

2. 촉진자로서의 교사와 권위자로서의 교사

미국 학교에서는 개인의 자유를 중요시하고 교사들은 대부분 촉진자의 역할을 한다. 교실에서 사용되는 방법은 강의와 더불어 학생들의 대화와 상호작용을 강조한다. 학생들이 중심이고 교사들은 학생들이 학습 과정에 기여할 것을 기대한다. 지식은 누구나 가지고 있을 수 있으므로 교사만이 지식의 최종 결정권자자 아니며 학생들은 교사를 도전하거나 이견을 제시할 수 있다. 학생들은 교사의 실력에 대하여 주관적으로 평가하고 제대로 하지 못한다고 생각할 때는 주저없이 비판한다. 미국의 중산층 대학생들이 교수들에 대하여 이와 같이 대하므로 교수의 지위는 중요하지 않다. 대학원생들은 교수들을 부를 때 교수 칭호 없이 이름만 부르는 경우가 많다.

그러나 동양 학생들은 교사에 대하여 대조적인 태도를 갖는다. 권위적 혹은 위계적 가족이나 교회 배경을 가진 학생들은 교사가 틀렸다거나 교사가 틀린 것을 인정해야 한다고 생각하지 않는다. 이 학생들은 강의 듣는 것을 좋아하고 필기를 한다. 그리고 강의안을 받는 것을 좋아하는데 빠짐없이 강의 내용을 보관할 수 있기 때문이다. 교사는 지식을 전달하고 축적해 주며 학생들은 그대로 전수받는다. 교수들에게 높은 존경을 표하는데 교수라는 직함과 교수의 성을 사용하여 교수를 부른다. 교수들은 정장을 한다. 이 학생들이 강의실에 들어올 때 교수에 대하여 이와 같은 기대감을 가지고 들어온다.

교사를 권위적 존재로 보는 학생들과 촉진자로 보는 학생들 간에는 상당한 의식의 차이가 있다(그림 6-3). 권위자로 보는 학생들은 독립적 사고를 중요시하지 않고 교사들로부터 시험에 어떤 문제가 출제되는지 듣고 답안 내용들을 암기하려고 한다. 교사가 질문하고 대화하려고 하면 학생들은 시간 낭비라고 생각한다. 교실마다 특유한 사회적 게임이 있으며 학생들과 교사 간에 상이한 사회적 게임 규칙을 가지고 있을 때 갈등이 발생한다.

파멜라 조지(Pamela George)는 『해외 대학 강의』(*College Teaching Abroad*, 1995)라는 책에서 세계 여러 나라에서 풀브라이트(Fulbright) 교수들이 겪은 어려움들을 조사했다. 많은 교수들이 자료가 부족한 점을 지적했지만 다른 교수들은 가르치는 데에 있어서의 어려움을 피력했다.

"이것은 무얼 말하죠?"라고 나는 질문을 던졌다. 그리고 기다렸다. 차를 한 모금 마시고 또 기다렸다. 아무도 대답하지 않았다. 할 수 없이 한 학생의 이름을 불렀다. "웨이 왕, 어떻게 생각합니까?" 학생은 고개를 숙이고 침묵하였다. 나는 이러한 경험을 해 본 적이 없었다. 학생을 지적해 본 적이 없었고 학생이 나를 계속 기다리게 한 적도 없었다!(중국의 A Syracuse University 대학 교수)

그림 6-3 네 가지 학습자 역할

순종하는 자로서의 학습자	+역할	피보호자/아이로서의 학습자
초점: 지식 교사: 옳다 감정: 두려움		초점: 관계 교사: 존경받아야 한다 감정: 의존
−그룹		그룹+
초점: 개인적 관심 교사: 효과적일 수도 아닐 수도 있다 감정: 열정적일 수도 비평적일 수도 있다 **자유로운 사고자로서의 학습자**	역할−	초점: 밖으로 나감 교사: 적이다. 감정: 증오 **반항자로서의 학습자**

이 교수는 교사를 촉진자라고 생각했기 때문에 학생들과의 소통을 원했던 것이다. 이 교수는 학생들이 자신에게 질문할 것을 기대했고 또한 의사표현을 할 것을 기대했다. 그러나 학생들은 교사의 지위와 권위를 중시하는 사회에서 성장했으므로 이러한 방식에 익숙하지 않았다. 그들은 교수로부터 배우기 위해 강의실에 온 것이고 옳고 틀림이 분명한 문제만을 다루어야 한다고 생각하고 있었다.

대조적인 두 가지 방식 모두 학생들에게 해롭게 작용할 수 있다. 촉진자 방식은 교수가 논문을 쓰든지 개인 사정 때문에 강의 준비를 못했으므로 토론으로 시간을 메우기 위해 오용될 수 있다. 권위적 교사는 학생들에게 말로나 신체적으로 학대할 수 있다. 몇 년 전 내 박사 과정 학생 중에 대만 여학생이 있었는데 수업 중에 아주 괴로워 하면서 나갔고 매번 집에 가서 울었다. 한참 후에 이 여학생이 말하기를 어릴 적 대만에서 공부를 잘하지 못할 경우 교사로부터 얻어 맞았던 기억 때문이었다고 말했다.

3. 후견인과 부모로서의 교사

교사의 역할에 대한 다른 측면은 후견인과 부모로서의 역할이다. 이것은 친족이나 공동체 그룹 구속력이 강한 위계적 게임 사회에서 흔히 나타난다. 내가 교수로 일하는 풀러신학교에서 아프리카나 아시아에서 온 박사과정 학생들은 자신들의 남자 교수를

"아버지"로 간주하곤 하였다. 이 학생들은 자신의 지도교수가 사망할 때까지 이러한 관계를 유지하였다. 아버지가 아들을 돌보듯이 지도교수가 자신에게 해 주기를 기대하는데 재정적인 어려움을 돌봐주고 학업뿐 아니라 개인적인 문제도 상의하고 진로와 취업의 길도 열어 주기를 기대한다. 교수들은 이러한 역할과 의무를 의식하지 않고 있기 때문에 이러한 요청을 학생들로부터 받을 때 당황하게 된다.

위계적 사회에서 온 학생들 중에는 친족 개념이 아니더라도 후견인의 개념으로 교사를 이해하기도 한다. 후견인과 의뢰인의 관계는 서로 지위와 권력, 자원의 소유가 다른 두 사람이 동맹을 맺는 것이다. 높은 위치에 있는 사람이 후견인이고 낮은 위치에 있는 사람이 의뢰인이다. 후견인은 보호하고 사회적, 물질적 도움을 준다. 의뢰인은 존경과 충성, 봉사로 보답한다. 이러한 관계는 상호적이고 양자 모두의 유익을 위한다. 이러한 방식은 가난한 나라의 학교에서 보통 나타나는데 부가 은행에 축적되지 않고 주로 사람들이 직접 소유하는 곳에서이다. 불안정한 정권이나 요동하는 경제를 신뢰할 수 없으므로 사람에게 의존한다. 서양 교사들은 이러한 방식이 부작용이 많다고 보며 후견인으로서의 역할을 거부한다.

델 친첸(Del Chinchen 1994)은 아프리카 학생들이 후견인 관계 방식을 취하고 있다는 것을 경험했다. 그가 학생들의 후견인이 되는 것을 거절하자 학생들은 개인적으로 거절당했다고 느꼈다. 그는 학생들이 의존적이 될까봐 우려했다. 그러나 이러한 관계에 대하여 더 알게 되면서 아프리카인들은 물질적인 부가 아니라 인간관계를 부로 여긴다는 것을 이해하게 되었다. 후견인 방식은 지식은 권력이며 개인적인 것이라는 신념에 기초한다. 지식을 가지고 있는 사람은 은밀히 보관하고 의뢰인 관계에 있는 사람에게만 지식을 전해 준다. "우리가 있기 때문에 내가 있다"(I am because we are)라는 아프리카 격언이 이러한 방식을 잘 표현해 준다. 친첸의 아프리카 학생들은 학교가 사회적이면 지낼 만하지만, 고립적이면 잔인한 투쟁이라고 생각했다.

학생들이 교사를 부모나 후견인으로 볼 경우 교사는 기회를 제공하는 관문이 된다. 학생들이 잘 할 경우 교사들은 그 이상을 학생에게 해 준다. 학생은 관계를 통해 배우며 교사는 이야기, 강의, 호명과 응답, 유머와 같은 교육 방법들을 통해 부모와 후견인으로서의 역할을 확인하고 상호 결속이 된다. 학생들은 교사에 대한 기대가 크고 교사를 실망시키지 않으려고 한다. 이러한 방식이 잘 이루어지면 교사는 학생에게 지식을 제공하고 학생은 교사에게 존경을 표한다. 배움에 있어서 관계가 중요한 기초를 이룬다.

서양 교사들은 부모나 후견인으로서의 역할을 거부하는데 왜냐하면 그것을 상호적인 것이 아니라 끝없이 학생들에게 일방적으로 줘야 하는 역할로 여기기 때문이다. 대부분의 서양인들은 "주는 것"을 물질적 차원으로만 본다. 관계를 통해 자신들은 존경과 명예를 얻고 학생들은 안정감을 가질 수 있다는 점을 생각하지 못한다.

4. 외부인으로서의 교사

강한 집단주의적 그룹에서는 교사가 그 그룹의 내부자 출신이며 나이 많은 형제 자매 역할을 하며 그 사회의 문화를 지속한다. 반면 교사가 그 그룹의 외부자이면 그룹원들은 교사가 자신들의 가치와 정체성에 위협적인 것으로 간주한다. 교사가 외부자인 경우 심각한 도전을 받는다.

내가 교사로서 두 번째로 일한 곳은 펜실베니아 서부의 철제업이 주된 생업인 고장이었다. 학생들은 대부분 흑인이었고 당시는 1960년대였는데 흑인과 백인 간에 적대감이 많았던 때였다. 젊고 의욕에 찬 교사로서 나는 저소득층 흑인 가정 학생들이 가지고 있는 적대감을 이해할 수 없었는데 내가 학생들에게 그러한 적대감을 들게 할 만한 행동을 하지 않았었다. 그러나 내가 사회경제적 차이 때문에 학생들에게 외부인으로 간주되었다는 사실을 모르고 있었다. 나는 학교 당국과 학생들로부터 군대 교관과 같이 명령하는 식으로 해야 한다는 달갑지 않은 압력을 받았다.

미국 북서부의 크와키틀 인디언(the Kwakiutl Indians)들 중에서 교사 생활을 했던 해리 월코트(Harry Wolcott 1987)은 나와 유사한 경험을 했다. 학생들이 학교로부터 원하는 것이 딱 한 가지 있었는데 학교를 떠나게 해 주는 것이었다. 학생들은 학습을 인디언들의 정체성에 위배되는 것으로서 "백인들의 물건"으로 보고 교사를 적으로 간주했다.

이러한 반응에 충격을 받은 월콧은 보다 넓은 문화적 상황 속에서 문제의 원인을 찾기로 했다. 백인들이 운영하는 학교는 인디언 학생들의 가치, 생활방식, 언어를 폄하하는 경향이 많았다. 학생들은 시험을 통과하고 위 학년으로 올라가고 졸업할 정도로만 공부했다. 학생들은 배우고자 하지 않았다. 학교는 필요악이었다. 학교에 강제로 가야 했고 백인들의 방식을 배우지 않기로 작정했다.

교사가 외부인일 경우 통제하는 것이 주요 역할이 된다. 교사는 가르치기 위해 통제해야 하고 학생들은 저항한다. 이것은 관계에 기초하여 학습이 발생하는 후견인-의뢰인 방식과 완전히 반대의 경우이다. 교사가 외부인이면 학생들은 관계를 거부한다. 위계적 사회에서 교사는 그룹이 기대하는 역할을 수행해야 하며 존경받는 연장자가 된다. 교사가 외부인인 평등한 사회적 게임에서 학생들은 교사에게 저항한다. 그 결과 교사는 학생들을 싫어하게 되고 학생들 역시 교사를 싫어하게 된다.

이러한 이유로 인해 서양 교육자들은 외부인이 아닌 내부인 교사를 선발한다. 내부인은 신뢰를 얻고 그 그룹의 정체성과 특성을 유지하는 방식으로 가르친다. 미국의 아미쉬(Amish) 교파나 회교도 지도자인 이맘(imam)들이 그 예이다. 가르치는 방식은 다양하지만 학습의 목표는 문화를 지속시키는 것이다. 학생들은 그룹의 강한 일원이 되며 교사를 전통 전문가로 간주하고 따른다. 그러나 이러한 교사들은 새로운 지식에는 관심이 적고 학생들에게 외부 세계와 변화에 대해 의심하도록 가르친다. 학생들이 더 큰 사회의 효율적인 참여자가 되지 못하게 하는 경우가 많다.

5. 교사 역할의 재고

앞에서 학생들의 사회적 환경에 따라 교사의 역할과 학생들의 참여에 대하여 상이한 관점들이 있다는 것을 살펴보았다. 또한 서양 교사들은 이러한 차이점을 이해하지 못하고 학생들을 정죄하고 자신의 교육 방식을 학생들에게 강요하는 경우가 많다는 점을 지적했다. 이러한 방식이 때로 성공적일 때도 있지만 대부분은 교사나 학생에게 모두 좌절과 실망으로 끝난다. 문화가 다른 환경 속에서 효과적인 교사가 되려면 교사의 역할을 재고해야 하며 교사로서의 정체성과 방식을 새롭게 해야 한다. 목표는 150퍼센트의 사람이 되는 것이다.

효과적인 타문화권 교사가 되는 첫 번째 절차는 사람들의 문화를 배우고 주의를 기울이는 것이다. 학생들은 어떤 사회적 가치를 가지고 있는가? 학생들의 가족과 지역사회에서는 어떤 사회적 게임이 이루어지는가? 교사와 학생에 대하여 어떤 관점을 가지는가? 페트리샤 퓨레이(Patricia Furey)가 말하는 것과 같이 교사인 우리 자신을 학생들이 어떻게 보고 있는지를 우리가 안다면 우리의 분노와 실망은 없어질 것이다. 다른 사람들에 대하여 배우다 보면 우리 자신을 보다 분명하게 보게 된다. 앞에서 살펴 본 사회적 게임 유형들은 지위와 역할, 집단 의식이라는 측면에서 우리와 다른 사람들 간의 차이점을 볼 수 있게 한다.

두 번째 단계는 자각인데 우리가 누구이고 우리가 무엇을 가치 있게 여기고 어떤 사회적 게임을 취하고 있는지를 알게 되는 단계이다. 친첸(Chinchen)은 아프리카 학생들이 취하는 후견인-의뢰인 방식 대신 자신은 독립성을 선호했고 남들에게서 감사하다고 말 듣는 것을 꺼리고 "대장"(big man) 역할을 하는 것이 싫었다. 그는 학생들에게 촉진자 역할을 하고 학생들을 의뢰인이 아닌 배우는 동료로 여기기를 좋아했다. 그런데 그는 이러한 자신의 태도가 학생들의 필요를 채우려 하기보다는 안전지대에 머물려고 하는 자신의 이기심이 때문이라는 것을 자각하게 되었다. 친첸은 마침내 성육신적 태도를 갖기로 하고 후견인이라는 역할을 취하기로 했다.

성육신적 교사는 자신의 문화에서 규정된 교사의 역할을 포기하고 학생들의 사회적, 문화적 배경에 맞는 역할을 택한다. 친첸에게 있어서 이것은 촉진자로서의 역할을 유보하고 후견인의 역할을 취하는 것을 의미했다. 이것은 쉬운 일이 아니었다. 친첸은 먼저 후견인의 역할과 의뢰인으로서 학생이 기대하는 바가 무엇인지를 배워야 했다. 그는 학생들이 자신들의 문화적 규범과 책임성에 부합하도록 행동하게 하려면 자신이 어떻게 해야 하는지를 배워야 했다. 그는 새로운 역할을 배우는 것을 감수해야 했고 자신에게 익숙한 교수 방식을 포기해야 하는 고충을 겪어야 했다. 처음에는 실수하고 잘 하지 못했지만 시간이 지나면서 학생들이 만족하고 자신도 만족감을 가지게 되었다.

그러나 친첸은 기독교인의 관점에서 볼때 후견인이라는 역할이 최선의 목표는 아니라고 생각하였다. 때로 부패한 후견인-의뢰인 관계를 보면서 어떻게 하면 성경적인 제자도 모델로 변화될 수 있을까 생각하게 되었다. 수년 동안 배우고 변화하면서 그는 리베리아(Liberia)와 말라위(Malawi)에서 그와 학교에 깊이 헌신한 많은 학생들을 멘토링 하였는데 그 후 그들은 가족과 기독교 공동체를 이루었다.

성육신적 접근이 너무나 힘든 경우도 있다. 교사는 학생들 중에서 내부인이 되려고 애쓰지만 학생들이 거부하는 경우가 그렇다. 그런 경우에 대하여 예수님은 대처할 수 있는 길을 보여 주셨다. 바리새인들로부터 배척 당하셨지만 식사 초대에 기꺼이 응하셨고 대화를 나누셨다. 예수님은 그들을 존중하셨지만 동시에 그들의 행동이 그들이 주장하는 가치와 상반된 경우들에 대해서는 지적하셨다. 성경의 깊은 지식을 알려 주시면서 진정한 지혜와 진실성을 가르치셨다. 거룩한 성품과 긍휼한 마음을 가지시고 가르치시면서 사람들에게 심오한 영향을 미치셨다. 예수님은 결코 바리새인들에게 있어서 내부인이 아니셨지만 예수님의 인격과 말씀 때문에 많은 사람들이 예수님을 믿었다.

우리는 가끔 기대역할을 배우고 수용하는 것이 불가능하다는 것을 발견할 때가 있다. 그러면 학생들의 기대에 대하여 어떻게 해야 하는가? 우리는 교사로서의 역할과 규칙을 학생들에게 분명히 할 필요가 있다. 학생들이 이것을 당연히 알고 있으리라고 생각해서는 안 된다. 학생들에게 알려 주어야 한다. 때로는 학생들과 타협하기도 해야 한다. 어떤 교사는 학생들의 기대를 알아내고 자신의 것도 적고 난 후 서로 타협점에 이른다. 가장 중요한 점은 교사로서 우리는 먼저 배우는 자여야 한다는 것이다. 교육은 이 장에서 언급한 네 가지 교사 역할을 모두 망라해야 하는데, 학생들과의 관계를 쌓든 그렇지 않든 우리는 학생들에게 지식을 전해야 하고 모두가 배울 수 있는 교실이 되게 해야 한다.

6. 탐구 질문

(1) 다른 동교 교사들이 교실에서 가르치는 것을 관찰해 보라(교장에게 탁월한 교사를 추천해 달라고 하고 관찰할 수 있도록 허락을 받으라). 그 교사가 가르치는 방식과 당신의 방식이 어떤 차이가 있는지 살펴보라. 당신이 너 잘 한다고 생각되는 것은 무엇인가? 관찰한 교사가 더 잘하는 것은 무엇인가? 당신의 방식을 바꿔야 한다면 어떤 것들인가?

(2) 표 6-1을 사용하여 당신이 가르치고 있는 사회에서 교사와 학생이 서로 기대하는 것들이 무엇인지 정리해 보라(이 표는 아프리카의 경우인데 당신이 생각해 보지 않았던 점들이 있을 것이고 특히 무형의 요소들이 그러할 것이다).

표 6-1 후견인-의뢰인 관계 속에서의 선물(Chinchen 1994, 156)

유형적 선물	무형적 선물
후견인으로부터의 선물 1. 돈 2. 융자금, 지원금 3. 직업 4. 같이 식사함 5. 전화 6. 서신 교환 7. 호의적 공급 8. 의복, 구두 등 9. 방문 10. 예식 참여	후견인으로부터의 선물 1. 충고, 상담 2. 미래적 도움 3. 영향과 신망 4. 추가 시간 5. 지지 6. 신임의 표현 7. 관심 8. 안녕에 대한 관심 9. 경쟁, 갈등, 위험의 방지 10. 보호, 변호, 지원 11. 논쟁의 수습 12. 견습의 제공 13. 채권자와의 대화
의뢰인으로부터의 선물 1. 노동, 봉사 2. 닭, 염소, 계란 3. 재배한 야채, 과일 4. 감사를 표하는 사례금 5. 감사 편지 6. 음식 7. 방문	의뢰인으로부터의 선물 1. 지도해달라는 요청, 교제의 수용 2. 존경 3. 충성 4. 계속적인 애정, 존경, 순종의 표현 5. 지원, 칭송 6. 우정 7. 보호, 변호 8. 다른 피보호자와의 거래를 도움

7

변화를 위한 교육

　1998년에 서울의 한 언덕 길에서 드문 광경이 연출되었다. 구십여 명의 여자와 십여 명의 남자들이 일곱 여덟 명씩 그룹을 지어 휘청 휘청하며 걸어갔다. 모두가 눈을 가렸는데 그룹 리더만 예외였다. 자동차들이 멈추고 아이들이 쳐다보았다. 약 5분간 언덕을 오르내린 후 모두 강의실로 돌아왔다. 웃음을 터뜨리면서 그들은 무엇을 경험했는지 서로 이야기하기 시작했다. 곧 정숙한 분위기가 되었는데 한국에서 잘 알려진 여성이기도 한 그들의 리더는 무엇을 배웠는지 한국 교회 안에서 지도자를 따른다는 것이 무엇을 뜻하는지 학생들에게 생각해 보라고 했다.
　이 학생들은 교사는 권위자이고 강의가 규범인 환경에서 살아왔다. 그러나 이 학생들의 리더는 강의 위주의 교육은 감정적 차원을 다루지 못한다고 생각했다. 그녀는 학생들이 보다 견고한 결혼과 가정을 이룰 수 있도록 돕고 싶었기 때문에 나를 그녀의 강의실에 초대하여 나와 함께 실험과 상호 작용 방식의 강의를 한 것이다.

그녀의 박사 과정 지도교수였던 나는 그날 완전히 색다른 경험을 했다. 강의 시작 전 한 주 동안 많은 고심을 했다. 실험 방식이 한국에서 통할 것인가? 나의 학생이었던 그녀는 상당히 흥미진진해 하면서 나를 초대해서 대인 관계에 대한 경험 교육 방식을 사용하여 4일간의 강의를 함께 진행하기로 한 것이었다. 학생들은 놀라운 통찰과 반응을 보였다. "눈 가리고 걷기" 경험에 대하여 한 여성은 "리더가 이렇게 힘든 역할인 줄 몰랐어요. 따르는 사람으로서 더욱 인내해야 한다는 것을 배웠어요!"라고 말했다. 실험에 이어 열렬한 토의를 함으로써 자신들의 감정을 표현했는데 이것은 강의로는 불가능한 것이었다. 경험적 방식을 통해 의미있는 결과를 본 나의 박사 과정 학생이었던 그녀는 이후 경험 학습 방법을 규칙적으로 사용하게 되었다.

1. 왜 변화를 위한 교육인가?

언제 그리고 왜 교사들은 학생들의 삶 속에 변화를 일으키기 위해 노력해야 하는가? 나는 앞서 타문화권에서 최상의 교육 전략은 현지 문화 관습과 특유한 방식을 반영하는 것이라고 지적했었다. 학생들은 자신의 문화에 친숙한 방식으로 교육이 이루어질 때 가장 잘 배운다. 하지만 문화가 감옥과 같은 작용을 하고 모든 사람들이 자신의 문화에 매여 있다는 사실 또한 인식해야 한다. 이 감옥은 빈번히 부작용을 낳고 죄와 파괴적인 행동을 유발한다. 앞에서 소개한 한국 사례는 경험적 학습을 도입하여 이러한 장애물을 극복하고자 한 것이었다.

전통적인 한국 문화에서는 남자와 여자가 권위주의적인 관계 속에 있다. 결혼은 가족을 통해 이루어지며 아내는 남편과 시어머니를 따라야 하고 그들의 시중을 든다. 때로 남편과 시어머니로부터 심한 간섭을 받기도 한다. 농경 사회에서는 사람들이 확대 가족의 형태 속에서 함께 거주하고 일했으며 남성과 아들들이 중심이 되었다. 현재 한국은 인구의 거의 30퍼센트가 기독교인인데 대부분 도시에서 거주하고 일하고 있다. 확대가족 형태로 사는 경우가 많지 않고 남편과 아내는 도시에서 경제적, 사회적 압력을 견디며 살아야 한다. 그런데 기독교인의 결혼에서도 전통적인 남성 권위 의식이 전이되어서 문제가 되고 있다. 심지어 기독교 사역자들의 아내들조차도 종속되고, 사랑받지 못하고, 매우 불행하게 느낀다.

1998년 내가 한국에서 참여했던 경험적 학습 세미나의 목적은 한국 여성들이 성경적 가르침과 신앙 안에서 역기능적인 가족의 문제를 극복할 수 있도록 돕는 데에 있었다. 이 세미나를 통해서 남편은 아내를 사랑해야 하고 아내는 남편을 존경해야 한다는 성경적 가르침을 확인할 수 있었다. 그러나 전통적인 권의주의와 수동적인 저항이 깊이 뿌리내리고 있어서 많은 기독교인 남편들은 아내에게 상처를 입히고 반대로 그 아내들도 남편에 대한 깊은 분노가 있었다.

경험적 학습의 강점은 학습자가 경험을 하고 이 경험에서 나오는 의미들을 생각함으로써 자신의 사고와 행위를 변화시키는 데에 있다. 나는 2000년도에 아프리카에서 같은 방식을 소개하여 선교사와 현지 지도자 간의 동역 문제를 다루었다. 한국 상황과 유사하게도 기독교 지도자들은 역기능적 관계, 안위를 헤치는 파괴적인 현상들에 대하여 고심하고 있었다. 이 세미나의 목적은 이 현지 지도자들이 자신들의 습관과 행위를 직면하도록 돕고 성경적 관점에서 살펴봄으로써 모두 함께 상호 관계와 사역에 있어서 변화를 추구하는 것이었다.

언제, 그리고 왜 변화에 대하여 가르쳐야 하는가? 개인적, 공동체적 안녕을 유지하기 위해서는 문화적인 안정과 지속성이 필요하다. 그러나 우리의 사회적, 경제적 관습이 의미 있는 가치와 목표를 추구하는 데 장애가 된다면 우리는 변화를 가르쳐야 한다. 우리는 그리스도인으로서 최고의 교사이신 예수 그리스도의 가르침을 표준으로 하여 우리의 삶과 사역을 측량해야 한다. 우리는 이러한 표준에 항상 못 미친다고 생각할지라도 그리스도를 닮고 변화되기를 계속 힘써야 한다. 경험적 학습은 변화를 가져오는 가장 강력한 도구들 중 하나이다.

2. 경험적 학습의 구성 요소들

경험적 학습은 수백 년 동안 사용되어온 방식이다. 존 듀우이(John Dewey)는 20세기 초에 교육과 경험의 관련성을 강조했다. 1970년대와 1980년대의 교육자들은 존 듀우이의 견해를 따라서 실제 경험 혹은 가상적 경험을 통한 교육을 강조했다. 경험적 학습은 도제 방식, 현장 프로젝트, 필드 트립, 가상 실험, 게임 등 다양한 방식을 포함하며 다양한 지적 능력을 발휘하게 하는 역할을 한다. 오래도록 강의가 전형적인 고등 교육 방식으로서 사용되어 왔지만 이 방식은 학생들이 정보를 수동적으로 수용하고 시험과 페이퍼의 형태로 언어, 논리, 수학적 지능을 사용하는 데에 머물고 만다.

경험적 학습의 두 가지 중요한 요소는 실행과 통찰이다. 경험만 하는 것으로는 충분치 않다. 눈을 가린 한국 여성 그룹을 이끄는 경험의 경우 리더 자신이 지도자의 입장에서, 동시에, 추종자의 입장에서 통찰했을 때에만 진정으로 새로운 이해를 갖게 되었다. 그룹원들의 견해를 통해 그녀는 교회 안에서 추종자로서의 자신의 경험과 눈을 가리고 걸었던 자신의 추종자들에 대한 자신의 경험을 통합하기 시작했다. 이러한 경험 학습 과정을 거치면서 그녀는 리더로서의 경험, 추종자들의 반응과 자신의 통찰을 통해 자신의 교회에서 어떻게 효과적으로 이끌수 있는지에 대하여 새로운 이해를 얻게 되었다.

데이빗 콜브(David Kolb 1984)는 학습을 가리켜 경험적 변혁을 통해 지식을 얻는 과정이라고 말한다. 그는 커트 레윈(Kurt Lewin 1957)과 쟝 피아제(Jean Piaget 1970)의 연구를 참조했는데 지식이 어떻게 창출되는지를 순환 모델을 통해 나타냈다. 한국인들이 눈을 가린 채 걷는 경험을 하고 이후 경험을 분석하고 서로 숙의를 한 것처럼 학습은 분명한 경험에서 시작한다. 경험의 분석 후에 추상적인 일반화를 해야 하는데 앞에서 언급한 한국 사례의 경우, 리더를 따를 때 자신의 행동과 감정을 어떻게 가져야 하는지에 대한 원리를 세우는 것이다. 콜브(Kolb)는 순환 모델의 마지막 단계를 적극적 실험이라고 부른다. 경험하고, 숙고하고, 추상화한 후 새로운 통찰을 시도하는 것이다. 끊임없는 순환의 과정 속에 있지만 더욱 복잡한 문제들을 해결해 가면서 더 높은 수준으로 올라간다는 것을 뜻한다(그림 7-1).

그림 7-1 경험적 학습

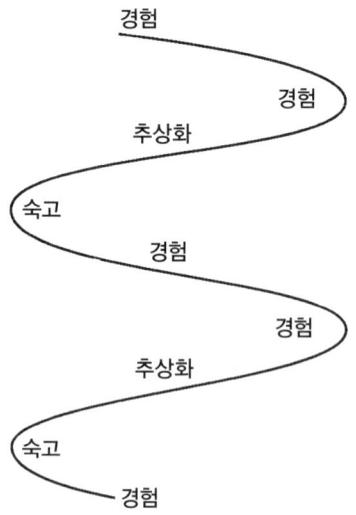

앞의 한국 사례의 경우 역기능적인 전통적 관계 유형을 이해하고 극복하기 위해 경험적 학습 방법이 사용되었다. 의도적으로 참여자들로 하여금 불협화음(dissnance)과 불쾌감(discomfort)을 느끼게 했다. 불쾌한 단계를 거친 후 불쾌감의 원인을 생각해 보게 했다. 사람들이 불쾌감의 원인을 인식할 때 자신의 행동을 바꿀 줄 알게 되고 불쾌감과 불협화음을 이길 수 있게 된다. 직접 참여하여 불협화음을 경험하고 경험을 숙고할 때 비로소 학습이 발생한다.

나는 이것을 1993년 여름에 실제로 경험했다. 벨기에의 브뤼셀 남쪽에 위치한 워털루(Waterloo)에서 몇 주를 아파트에서 혼자 보냈다. 동네에는 슈퍼마켓이 있었다. 나는 프랑스어를 몇 마디밖에 하지 못했지만 장보는 일은 어렵지 않을 것이라 생각했고 사실 그랬다. 그런데 토마토를 사던 날 문제가 발생했다. 슈퍼마켓에 좋은 토마토가 있었다. 크고 잘 익은 붉은 색 토마토가 수북이 쌓여 있었다. 토마토를 비닐 봉지에 넣어서 계산대로 가져갔다. 돈을 지불하려고 서 있는데 점원이 손을 좌우로 흔들면서 성난 목소리로 내게 말하는 것이었다. 나는 그녀의 말을 못 알아들었고 내가 무엇을 잘못했는지 알수가 없었다. 그녀는 토마토를 손에 쥐고 흔들면서 내게 계속 말했다. 내가 뭔가 잘못한 것 같은데 도무지 알 수 없었다. 토마토를 계산대에 그냥 두고 나머지 물품에 대해서만 지불하고 가게를 나왔는데 바보가 된 느낌이었고 굴욕감을 느꼈다.

이러한 일로 인해 다시는 토마토를 사지 않겠다고 마음 먹을 수도 있을 것이다. 그러나 그럴 경우 스트레스는 줄이겠지만 배우는 것은 결코 없을 것이다. 다음날 아침, 나는 학생들에게 어제의 일을 설명했다. 그러자 학생들은 모두 웃어댔는데 토마토를 저울에 올려 놓고 토마토가 그려져 있는 버튼을 누르면 가격표가 나오고 이 가격표를 점원에게 가져다 주어야 한다는 것이었다.

다음날 나는 자신있게 토마토를 사러 슈퍼마켓으로 갔다. 토마토를 저울에 올려 놓고 가격표도 얻었다. 가격표가 붙은 토마토 봉지를 계산대로 가져갔다. 그런데 식빵이 생각나서 다시 가서 식빵을 봉지에 넣어서 계산대로 가져왔다. 그러자 점원이 손을 가로저으면서 나에게 소리쳤다. 그녀는 언짢은 얼굴로 영수증을 내밀었고 나는 값을 지불한 후 가게를 걸어 나왔다.

이번에는 사고 싶은 물건을 모두 사기는 했지만 무엇이 문제였는지 몰라서 역시 기분이 안 좋았다. 나는 학생들에게 일어났던 일을 말해 주었다. 학생들은 또 크게 웃었다. 학생들은 식빵 밑에 번호가 써 있다고 말했다. 이 번호에 맞는 봉지에 담아야 한다는 것이었다. 점원이 어떤 봉지냐에 따라 가격을 매긴다는 것이었다. 학생들 덕분에 제대로 이해할 수 있었고 새로운 정보를 얻은 후에야 벨기에 슈퍼마켓에서 어떻게 물건을 구입하는지를 알 수 있었다. 더 나아가 고객과 점원의 역할에 대하여 숙고하게 되었고 문화적 차이에 대한 이해를 갖게 되었다.

경험을 검토하는 것이 경험 학습의 핵심이다. 특정 과목이나 과목의 일부 시간을 할애해서 학생들로 하여금 경험하고 통찰하게 한다. 이러한 방법은 특히 다문화 협력 훈련을 할 때 아주 유용했다. 나는 2000년 카메룬에서 있었던 세미나에서 가상 실험 방식을 사용했는데 서아프리카 14개국에서 온 사람들이 참여했었다.

가상 실험의 목적은 동역할 때 소통에 실패하는 이유가 무엇인지 발견하고 통찰을 통해 인간관계를 개선할 방안을 찾고 소통을 증진시키는 것이었다. 참여자들은 강의를 원했기 때문에 나는 우선 강의를 먼저 많이 한 후에 서로 견해를 나누는 시간을 가졌다. 참여자들을 소그룹으로 나눈 후 가상의 상황에 참여하게 했다. 매일 2시간 이상 소그룹 토의를 가졌고 강의와 가상 상황 참여를 토대로 자신들의 실제 생활을 통찰하게 했다. 이 세미나에서 경험 학습 방법은 강력한 통찰과 강의를 실제 생활에 적용하는 기폭제 역할을 했다.

3. 경험 학습의 강점과 취약점

경험 학습은 강점과 약점을 모두 가지고 있다. 정보보다는 경험과 감정적 반응에 초점을 두기 때문에 주관적 성향을 띤다. 어떤 사람들은 이러한 학습 방법을 선호하고 의자에 앉아서 강의 노트를 적기만 하는 것보다 훨씬 재미있고 의미있다고 생각한다. 다른 사람들은 경험 학습이 너무 혼란스럽다고 말한다. 이들은 분명한 지식을 제공해야 한다고 생각한다. 이들은 수업에 경험하는 시간을 포함시키는 것은 가당치 않고 경험의 통찰과 행동을 실험하는 것을 반대한다. 통제할 수 없는 상황, 결과를 모르는 상황, 어리석어 보이는 상황을 용납할 수 없는 것이다.

과목이 특별히 대인 관계에 관한 것이라면 전체적으로 경험 학습 방법을 취할 수 있다. 앞에서 다룬 한국 사례는 경험 학습 방법을 취한 것이었다. 수학이나 역사 과목은 다양한 방법들을 사용하는 것이 낫다. 아프리카에서 다문화 협력 사역에 대한 워크샵을 할 때 매일 오전 강의와 더불어 경험 학습 훈련과 토론을 했다. 팀 관계가 주제일 경우에 강의보다 통찰과 토의, 적용을 포함하는 팀 훈련이 훨씬 더 효과적이었다.

경험 학습 방법을 사용하는 교사는 강의 계획안(syllabus)이 있지만 거기에 제한되지 않는다. 다시 말하면, 교육은 예기치 않은 때에 언제든지 발생할 수 있다. 교실 안이든지 밖이든지 특정한 주제를 가르칠 수 있는 수단이 있다. 선교사 훈련 프로그램의 경우 경험 학습이 타문화 이해를 돕는 가장 효과적인 방법이다. 사람들이 인지적 정보만 가지고 있을 경우 실제 상황을 만나면 제대로 대처하지 못한다. 경험 학습의 강점은 실제 상황을 미리 가상적으로 설정하여 미리 생각하고 통찰하고 배우는 데에 있다.

나는 이러한 방식을 실험해 보았었다. 학기말 필기 시험 대신에 시연(performance)을 하게 했는데 자신이 습득한 개념들을 창의적으로 표현하는 것이었다. 아프리카에서 교수 사역을 하는 한 동료는 학생들이 시연을 싫어할 것이라고 말했다. 학생들은 "진짜"(real) 시험을 원한다는 것이었다. 그래서 학기말 필기 시험을 치르게 한 후에 과목을 정리하는 의미에서 시연을 하게 했고 축하의 시간을 가졌다고 했다. 단지 글로 쓰는 것보다 어떻게 다른 사람들에게 보여 주어야 할지를 생각하면서 학생들은 더 잘 배웠다고 한다. 동시에 시연을 필기시험 대치로는 하지 않음으로써 학생들을 안

심시켰다.

　어떤 학습자들은 문화적 혹은 정서적 이유 때문에 이러한 교육 방식을 회피한다. 이러한 방식이 정서에 안 맞으므로 학습 효과가 적다. 따라서 이러한 방식을 거부한다. 문화적 이유이든, 개인적 이유이든 경험을 학습에 관련시키려 하지 않는다.

　경험 학습이 힘든 두 번째 이유는 준비 비용이다. 겉으로는 쉬어 보일지 모르지만 강의보다 훨씬 힘들다. 강의만 하는 것보다 보통 두배 시간이 더 걸리고 강의실에서 실행했을 경우 생각했던 대로 되지 않기도 한다. 가상 상황 방식(simulations)이 큰 효과를 보려면 강사는 추상적인 개념과 실제 경험을 잘 연관시키는 감각이 있어야 한다. 강사는 학생들과 결속력이 있어야 하고 학생들이 현재 어떤 단계에 있는지 앞으로 어떤 변화 단계에 도달할는지를 예측하고 있어야 한다. 그래야만 학생들이 당혹하지 않고 자신들의 약한 부분도 기꺼이 드러내고 자신의 실패와 성공을 서로 간에 나누게 된다.

　경험 학습의 교육적 유익 또 한 가지는 전통적인 학교 교육에서 중심을 이루는 언어, 수학 능력 이외에 다른 지적 능력을 활용하게 한다는 점이다. 사실 이 두 가지 능력에만 익숙한 사람들은 경험 학습 방법을 사용하는 교육에서 불리하며, 공간과 음악, 몸 동작, 인간관계 능력에 뛰어난 사람들은 전통 교육 방식으로 인해 잠자고 있었던 능력을 비로소 사용하게 될것이다. 또한 교사는 경험 학습을 통해 서로 대립되는 상황에서 학생들이 어떻게 반응하는지를 보면서 학생들의 성품을 알게 되는데, 성품은 타문화권에서의 성공과 실패에 영향을 미치는 요인이다.

그러나 경험 학습 방법이 학생들의 다양한 지적 능력을 계발시켜 주는 유일한 답이 아니다. 학구적인 교육은 지식의 정복, 체계 있는 논문의 작성, 높은 수리 능력을 요구한다. 최상의 학습은 경험과 인지적 차원을 모두 포함하는 것이다. 각기 의미있는 기능을 하는 것이며 사람들의 기대감을 반영해야 한다. 이 책의 앞 부분에서 예를 든 바와 같이 오스트레일리아의 원주민들은 행동함으로써 가장 잘 배운다. 그러나 음악, 춤, 격언을 학교 학습에 포함시킬 경우 학교가 아니라고 생각한다. 이 책의 3장에서 언급했던 바와 같이 학교 교육이 가지는 고유의 성격 때문이다.

4. 성경적 변화를 낳는 교육

교육을 통해 성품과 사역이 변화되게 하는 것은 가장 어려운 도전이다. 신학교와 대학은 정보를 전달하는 데 탁월하지만 졸업생들의 성품과 행동을 책임지는 학교는 거의 없다. 대부분의 학교는 성품 계발과 영성 훈련의 필요성을 아주 중요시하지만 이를 이루는 효과적인 방법을 가지고 있지 못하고 있다. 성공을 거둔 학교들은 교과 과정에 경험적 요소를 많이 포함시킨 학교들이다. 필리핀 신학교에 대하여 탁월한 연구를 한 초두누(Tjoh Dju Ng 2000)는 교수들이 관계형성과 책임의식, 경험적 훈련을 통해 어떻게 학생들의 성품과 사역을 빚어 갈 수 있는지를 잘 보여 준다. 복음서에 기록된 대로 예수님과 제자들의 모범을 좇아 교수들은 학생들과 함께 사역을 하고 또한 둘씩 짝지어 사역하러 나가게 한다.

　복잡한 도시 환경 속에서 일하고 가족을 돌보느라 바쁜 사람들에게는 멘토(mentor)가 곁에서 이끌어 주는 위의 방법 대신 다른 대안이 있어야 한다. 가상 환경을 경험하게 한 후 통찰과 토의를 통해 생활과 사역 속에 결단과 변화가 일어나게 하는 것이다. 카메룬에서 2주간에 걸쳐 워크샵 중에 가상 상황 경험과 토의를 거치면서 정죄했던 태도를 서로에게 고백하고 협력하는 관계가 증진되는 영적 갱신의 경험이 있었다. 참여자들은 사역을 열심히 해왔지만 하나님의 나라 사역에 필수적인 동역 정신과 영적 연합을 잃었었음을 인정했다.

　타문화권 사역자를 훈련하는 기관들은 경험 학습과 관련하여 한 가지 흥미로운 사실을 발견했는데 사람들이 잘 준비되었다고 생각하지만 후속적인 경험이 있어야만 제대로 적용할 줄 알게 된다는 것이다. 예를 들면, 나는 인간관계 강의 시간에 식사 실험을 했는데 식사는 단순히 배고픔을 면하는 것 이상이며 사회적 관계를 드러내는 창이었다(Lingenfelter 1992, 179). 누가 누구와 먹는가? 어떤 음식이 인정되는가? 양손으로 먹는가 아니면 한 손으로 먹는가? 젓가락, 숟가락, 아니면 포크로 먹는가? 질문들은 아주 많다. 가상 실험에서 학생들을 여섯 명씩 그룹을 지어 원형으로 바닥에 앉게 한다. 원의 중앙에 수저 세 개와 젓가락 한 쌍을 둔다. 세 접시에는 고기와 밥을 담고 다른 세 접시에는 밥만 담아 둔다. 두 가지 규칙을 지켜야 하는데 오른 손으로만 먹고 그룹 전체가 대화에 참여해야 한다. 가상 실험 후 접대와 자원의 나눔에 대하여 토의했는데 여러 이슈들이 제기되었다.

 학생 중의 하나가 나의 과목을 이수한 후 중앙 아프리카에 단기 선교를 갔다. 현지인들의 식사 시간은 나의 가상 실험과 유사했다. 그런데 나에게서 배운 학생과 그의 친구들은 고기를 너무 많이 집어서 현지 관습을 어겼고 나이가 지긋한 현지인으로부터 부드러운 꾸중을 들었다. 강의실에서 배운 경험이 아프리카에서 효과적인 관찰과 적응으로 왜 이어지지 못했을까? 아마도 일상적으로 배어 있는 습관 때문이었을 것이다. 특이한 인사법이나 이국적인 관습은 기억이 잘 되지만 식습관은 자신의 생존과 직결된 습관이라서 다른 사람의 습관을 주시하지 않는 것이다.

 성경적인 변화는 어떤 특정한 방법을 사용해서 자동적으로 얻어지는 것이 아니다. 사람들은 대부분 150퍼센트의 사람이 되지 못한다. 변화는 사람이 죄를 고백하고 성령의 역사를 통해 새롭게 되고자 할 때 가능하다. 내용을 반복하여 습관이 될 때 가장 잘 배우게 된다. 성품의 변화는 자신의 인생사와 성격의 가장 깊은 부분이 영향을 입을 때 일어난다.

 성경적 변화는 예수님이 명하신 것을 행하는 중에 고통, 회개, 헌신, 지속을 통해 이루어진다. 교실은 이러한 변화를 이루는 데 가장 비효과적인 장소이다. 강의를 옮겨 적고 외워서 시험을 치는 학생들은 일하는 다양한 방식들을 이해하지 못하고 인정하지 못한다. 경험적 방법을 사용하여 이들의 가치와 습관을 도전하더라도 실습이 끝나고 며칠이 지나면 잊고 만다.

 아프리카에서 식사 시험에 실패한 후 부드러운 꾸중을 들었던 청년 선교사는 성경적 변화를 위한 첫 단계에 진입했다. 앞으로 3주간 자신의 행동을 수정하면서 자신의 습관을 포기하는 것을 배우고 자신보다 남을 낮게 여기게 된다. 다음 단계의 성장은 다른 여러 습관들에 대하여 적용하는 것이다. 그가 다른 사람들과 마찬가지라면 다시 습관적으로 행할 것이고 또 꾸중을 들을 것이다. 그러나 통찰하고 배우고자 한다면 그는 변화될 것이다. 새로운 경험을 쌓고 숙고할 때 자신의 문화적 편향성을 극복하고 그리스도의 형상으로 변화되어 가기 시작할 것이다. 이것이 150퍼센트 사람의 본질이다.

5. 탐구 질문

(1) 당신이 가르치고자 하는 개념과 관련하여 경험 훈련을 한 가지 계획하라(Casse 1979; Kohls & Knight 1994; Seelye 1996에 있는 예들을 참조하라). 당신이 생각한 것보다 훨씬 어렵다. 학생들과 경험에 대하여 토의한 후에 숙고해 보라. 훈련은 잘 진행되었는가? 학생들은 어떻게 반응했는가? 무엇이 더 잘 되었어야 했는가? 학생들 고유의 문화가 어떻게 작용했는가?

(2) 첫 번째 실험으로부터 배운 것을 토대로 두 번째 실험을 만들어 보라. 두 번째가 더 쉬운가 아니면 더 어려운가? 이유를 설명하라.

타문화 사역과
교육

TEACHING
Cross-Culturally

8
잘못된 기대

1996년 여름에 필리핀의 한 대학을 방문해서 문자 교육 교실을 관찰했었다. 교실은 지붕이 양철이고 벽은 합판으로 되어 있었고 방충망이 달린 유리창이 있었다. 학생들은 긴 테이블에 둘러 앉아서 공책에 부지런히 쓰고 있었고 어린 아이 몇몇은 방 모퉁이에서 놀고 있었으며 개 두 마리가 어슬렁 거리며 다녔다. 비가 오고 있었는데 전기가 안 들어와서 방은 어두웠다. 앞쪽은 칠판이 걸려 있었고 접히는 벽 사이로 옆 교실의 소리가 다 들렸다. 이 교실은 낙후된 상태이지만 세계 많은 곳에서 여전히 이렇게 낙후된 환경에서 교육이 이루어 지고 있다. 방음 장치가 되어 있는 교실에 익숙한 사람은 후락한 교실에서 가르칠 경우 상당히 애를 먹을 것이다. 벽 없이 초가 지붕 아래서나 바깥에 나무 아래서 가르쳐야 할 경우는 더욱 힘들다.

앞 장에서 나는 교사들이 학생들이 생각하고 배우는 방식을 고려해서 교육해야 한다고 강조했었다. 그러나 교재, 종이, 복사기 등의 물자가 없는 경제적, 사회적 요인도 고려해야 한다. 이러한 교육 필수품이 당연히 있을 거라고 생각할 경우 낭패를 경험한다. 잘못된 기대를 가질 경우 큰 스트레스를 겪는다. 어떤 잘못된 기대들이 있는지 살펴보고 성육신적 교육의 방식을 모색하기로 한다.

1. 자원에 대한 잘못된 기대

어떤 곳에서는 교사의 책상, 분필, 의자가 없기도 하다. 나는 아프리카에서 비교적 새 시설을 갖추었다는 대학을 방문한 적이 있다. 그러나 강의실에는 강대상이 없었다. 한 학생이 재빨리 학생 책상 중 하나를 돌려 놓았고 교수는 그 위에 강의 노트를 올려 놓고 강의를 시작했다. 파멜라 조지(Pamela George 1995)는 책상이나 강대상이 없어서 불쾌해 했던 교수들에 대한 이야기를 썼다. 이들은 학교 책임자에게 공간도 부족하고 교재도 없고 아무런 기술적 지원이 없다고 항의했다.

나의 한 동료 교수는 풀브라이트(Fulbright) 재단 후원으로 투르크메니스탄(Turkmenistan)의 대학에 가서 교수일을 했는데 개발 국가가 안고 있는 정치적, 경제적 도전들을 목도하였다. 그녀는 영어 교사들을 훈련했는데 학생들에게 나눠 줄 강의 자료를 복사하려 했지만 대학 안이나 대학 밖에서나 복사기를 발견할 수 없었다.

풀브라이트 재단과 관련된 기관에서 겨우 복사기를 발견했지만 학기가 3분의 1 정도 지날 때 복사용지가 떨어지고 말았다. 종이를 아끼기 위해 4분의 1로 나누어 사용했다. 더 심한 문제는 학교 당국이 이유 없이 갑작스럽게 강의를 취소하는 것이었다. 이 교수는 다른 나라에서 가르쳐 보았기 때문에 크게 당혹해 하지 않았다. 그러나 대부분의 서양인들은 강의 일정이 갑자기 변경되거나 강의 내용을 변경해야 할 경우 아주 불쾌하게 느낀다.

정교한 기술 설비에 의존하는 서양인들은 교실에서 창의력을 잃는 경향이 있다. 태국의 한 대학에서 가르치던 내 지인이 미국에 돌아와서 동료 교수들에게 교수법에 대하여 자문을 구했더니 파워 포인트 프로그램을 사용하면 된다고 했다고 한다. 그녀가 태국의 대학에서는 전기가 일정하게 들어오지 않아서 컴퓨터를 거의 사용하지 못했다고 대답하자 동료 교수들은 아무런 다른 제안도 주지 않았다.

2. 낮은 기술력: 성육신적 응답

학교 교육이 효과적이지 않다는 비판에 대하여 미국에서 보통 하는 대답은 교사들에게 필요한 장비와 물품을 구입할 자금이 충분치 않다는 것이다. 문제를 해결하기 위해 학교 책임자들은 더 많은 자금을 요구하고 물자를 동원하려고 한다. 자원이 제한된 국가에서는 교사들이 "공구 세트"(tool kit)를 갖추고 있어야 하며 비싼 기술이 아니라 손쉽게 구할 수 있는 재료를 사용해야 한다. 학생들이 다채로운 방식으로 배우는 문화권이나 영어 강의 이해가 원활하지 않은 곳에서는 자세한 안내와 설명을 제공해야 학생들이 편안하게 느낀다. 종이와 복사기가 있는 곳에서는 교사가 강의 자료를 학생들에게 손쉽게 나눠 줄 수 있다. 하지만, 이런 물품이 없을 경우 칠판과 백묵을 사용해야 한다. 투르크메니스탄에 간 한 교수는 강의용 물품을 담은 박스를 별도로 준비하여 떠났다. 공항에서 나오면서 여행가방은 찾을 수 있었지만 박스는 사라졌다. 이 교수는 당황하지 않고 차선책을 취했다. 물건을 싸는데 사용했던 흰 종이들을 다리미로 다려서 펴서 강의용으로 사용했다. 문제에 대비하려는 마음 가짐이 있었기 때문에 이 교수는 크게 놀라지 않고 현지에 적응한 것이다.

물품이 부족할 경우에 유용한 교육 방식으로 이야기법이라는 것이 있다. 이것은 새로운 방식이 아니다. 아프리카에서는 오랫동안 이 방법이 이미 사용되어 왔다! 이 방법은 어떤 개념이나 주제를 이해시키기 위해 이야기를 사용한다.

케냐의 한 학생은 진리는 오직 이야기 속에 담겨 있을 때 깨달을 수 있다고 말한다. 그러나 서양의 교사들은 이야기는 아이들에게 하는 것이거나 산 속에서 야영할 때 둘러 앉아서 하는 것이라고 생각한다. 곧 이야기는 즐기자고 하는 것이지 가르치기 위함이 아니라는 것이다. 아브라함 링컨(Abraham Lincoln)은 질문에 답할 때 이야기를 많이 사용했다. 링컨은 "직접적인" 대답을 하지 않는다고 사람들에게 비난을 받기도 했다. 그렇지만 직접적인 대면을 피해야 하는 상황이라면 이야기는 가장 효과적인 교육 수단이 될 수 있다(Steffen 1996; Elmer 1993).

교실에서 이러한 이야기 방식을 어떻게 효과적으로 사용할 수 있을까? 학생에게 특정한 사람의 역할을 수업이 끝날 때까지 맡게 해 볼 수 있다. 성경에는 오늘날의 문제에 대하여 통찰을 제공하는 많은 인물들과 사건이 수록되어 있다. 신학교에서는 성경의 인물들과 이야기에 대한 강의를 하지만 학생들에게 성경 이야기 속의 인물이 되어 보도록 하지는 않는다. 서양의 교사들은 추상적인 진리를 강조하지만 추상적인 진리가 상황 속에, 그리고 인물들과 인물들, 인물들과 하나님 간의 상호 소통 속에 담겨져 있다는 사실을 간과한다. 요셉에 대하여 설명해 주는 것보다 요셉이 되어 보는 것이 더 강력할 수 있다. 이야기를 해 주고 이야기에 대하여 통찰을 나눌 때 인물들의 특성, 당시의 경제와 역사가 생생해진다. 성경에는 아브라함의 아내인 사라, 리브가, 레아 등 흥미진진한 이야기들이 아주 많다. 이야기 방식은 효과적인 전달법이며 재료 비용이 전혀 들지 않는다.

로버트 서펠(Robert Serpell 1993)이 아프리카에서 사용했던 유용한 방법은 드라마였다. 그는 현지인들의 전통적인 연극 방식을 사용하여 잠비아 농민들의 삶의 여정을 그렸다. 여러 사람들이 자신들의 삶에 일어났던 중요한 사건들을 거론하였고 이를 바탕으로 사건들과 인물들의 이야기를 구성했다. 드라마를 보인 후 관중들에게 극중에서 어떤 인물의 이야기가 자신에게 해당하는지를 물었다. 서펠은 한 가지 주의할 점을 강조하는데 현지의 양식을 사용하려면 그 의미를 바로 알고 있어야 한다는 것이다. 그렇지 않을 경우 의도한 것과 반대의 결과가 나올 수 있다는 것이다.

서양의 교육 전통에서는 많은 내용을 암기하는 것을 좋게 보지 않는다. 오래 전에 얍 족 사람들의 장례식에 참석한 적이 있다. 장례식은 며칠간 계속 되었는데 필자가 잘 아는 가족의 다섯 살 된 여식도 왔었다. 이 아이가 모든 친척의 이름과 항렬, 관계를 자세히 알고 있는 것을 보고 나는 깜짝 놀랐다. 서로 간에 가족으로서, 친척으로서의 의무를 다해야 하기 때문에 상세하게 배우고 기억하고 있었던 것이다. 신학교에서 학생들은 성경 구절을 외우곤 한다. 인도에서 온 한 학생이 히브리서를 다 외웠고 이제 누가복음을 외우려고 한다고 필자에게 말하는 것을 들었을 때 구전 전통 속에서 자라온 학생들에게 그동안 적합한 교육 방식을 제공하지 않았다는 생각이 들었다.

한 인도네시아 친구는 자바인들의 전통 방식을 사용하여 성경을 가르치고자 했는데 마차파트(machapat)라는 이야기 노래 형식을 채택했다(Marantika 2002). 각각의 노래는 이야기로 되어 있고 도덕적 교훈이 들어 있다. 이 인도네시아 친구는 몇몇 사람들에게 마태복음 전체를 노래 형식에 담아서 문자를 모르는 마을 사람들도 배울 수 있게 했다. 자바인들은 음악적 재능을 중요시해 왔는데 이미 있는 방법을 사용해서 성경을 효과적으로 가르친 것이다. 한 가지 주의할 점은 성경을 노래로 옮길 때 의미가 왜곡되지 않게 하는 것이다. 목사들은 성경 말씀이 정확하게 옮겨지도록 많은 시간 동안 잘 살펴보아야 했다.

대학이나 신학교에서 일반적으로 행해지는 교육 방식은 어떤 곳에서는 맞지 않는다. 이러한 직선적 사고, 추상적 사고 방식은 시각적 방법이나 총체적인 방식을 배제한다. 간혹 시각적 방법을 사용한다 해도 주로 영상물을 사용하는데 이것이 유용하기는 하지만 학생들은 수동적 입장이 된다. 밧줄, 공, 카드 등 간단한 물건을 가지고 여러 가지 다양한 표현을 할 수 있다. 강사의 상상력만큼 방법이 나온다.

3. 교과 과정(커리큘럼)에 대한 잘못된 기대

모든 교사들은 각기 자신이 받은 훈련과 경험에 따라 수업을 준비한다. 어떤 과목을 강의해 달라고 요청을 받으면 교사 자신이 전에 배우고 가르쳤던 내용을 똑같이 가르치면 된다고 생각한다. 교사 자신의 생각, 미리 짜여진 주제들을 교실 안으로 가져온다. 교사는 스스로 전문가라고 여기고 자신의 지식 기반이 충분하다고 생각한다. 많은 경우 이러한 생각은 빗나간 생각이다. 학생들이 무엇을 알고 있는지를 먼저 이해해야 하며 학생들이 교사에게서 배워서 무엇을 앞으로 할 수 있게 될지를 이해해야만 "올바른" 준비를 할 수 있다.

교과과정은 해외에 거주하는 교사들에게 가장 어려운 맹점이다. 서양 신학교 출신 교수들은 하나님의 존재와 칼빈주의와 아르미니안주의에 대한 논쟁을 중요한 신학적 주제로 여기는 반면 영적 세계나 병을 치료하는 하나님의 능력에 대해서는 대개 관심이 없다. 그러나 성경은 이 주제들에 대하여 더 자세하게 기술하고 있다. 폴 히버트(Paul Hiebert 1982)는 자연과 초자연을 분리하는 이분법적 서양의 사고를 지적하면서 영들이 거주하는 세계를 도외시하고 있다고 주장한다. 이러한 오판으로 인해 서양 교사들은 성경의 중요한 주제들을 놓치고 만다.

근래에 여러 학자들(Dyrness 1990; Taylor 2000)이 비서구 세계의 관점에서 신학적 논의를 시도했는데 해외에서 신학을 가르치려는 사람은 이들의 통찰을 배우고 적용해야 한다. 예를 들면, 윌리엄 더니스(William Dyrness 1990)는 세계 여러 신학자들의 말에 귀를 기울이라고 서양 신학자들에게 조언한다. 또한 학생들의 말에 귀를 기울이면 진정으로 학생들의 필요를 충족시키는 교과과정을 만들 수 있게 될 것이다.

4. 시험에 대한 잘못된 기대

시험에 대한 문화적 관점의 차이는 서양 교사들에게 스트레스가 될 수 있다. 미국에서는 학생들이 일정 분량을 공부한 후 제대로 습득했는지를 알아보기 위해 시험을 친다. 자료를 "공부한다는 것", "시험을 친다는 것", "배운다는 것"은 무엇을 뜻하는가? 자료 전체를 외우는 것은 공부한다는 것과 동일한가? 시험은 개인별로 치루는가 아니면 그룹으로 치루는가? 배운 후 수년이 지나도 기대했던 행동의 변화가 나타나지 않는다면 "잘 배웠다"고 할 수 있는가?(Ernest Hilgard and Godron Bower 1981) 시험칠 때 부정행위는 어떤 경우를 말하는가?

　많은 교사들은 시험 볼때 부정행위를 하는 학생들을 심각하게 생각한다. 가나(Ghana)에서 한 미국인 교사가 특이한 경험을 했는데 오전 반에 시험을 치른 학생들이 오후 반에 시험을 치룰 학생들에게 모든 문제와 답을 알려 준 것이다. 이 문제를 해결하기 위해 다음부터는 서로 다른 문제를 출제하였다. 교육학 학자인 테드 워드(Ted Ward)는 필자에게 가나에서 있었던 이야기를 해 주었다. 수업 시간에 학생들이 서로 간에 답을 말해 주는 것을 보면서 부정행위란 무엇을 말하는지 질문했다. 한 학생이 일어서더니 "교수님, 부정행위는 필요한 사람에게 주지 않는 행위를 말합니다!"라고 대답했다. 이러한 정의는 서양의 개념과 정반대이다. 제리 하비(Jerry Harvey 1988)는 경영관리에 대하여 탁월한 책을 저술했는데 개별적인 평가보다 그룹 활동과 그룹 평가가 더 중요시되어야 하며 그룹으로서 공동으로 문제를 풀어가는 역량이 더 중요하다고 주장한다.

　타문화권에서 교사들은 자신들이 기존에 가지고 있는 학습 방법, 시험 방식을 재고해야만 효과적인 교사가 될 수 있다. 시험의 목적은 무엇인가? 시험은 필기시험이어야 하는가 아니면 구술시험이어야 하는가? 미국에서는 대부분 필기시험을 치게 하지만 유럽에서는 졸업고사가 대부분 구술시험이다.

　필기시험은 교수가 준 정보와 지식을 그대로 반복해서 적는 방식이다. 많은 비서구 국가에서는 전 학생들이 전국적으로 각처에서 동일한 시험을 치게 한다. 대학 입학에 중대하게 작용하므로 아주 중요한 시험이다. 교사들은 "시험을 잘 치루게 하기 위한 교육"을 하며 다음 단계의 진학을 위한 정보와 지식을 가르친다. 윤리적 함의점이라든지 저자의 주장에 대한 자신의 견해라든지 하는 질문들은 별로 다루지 않는다. 학생들은 주로 사실을 암기한다.

그러므로 타문화권에 가서 가르치는 교사들은 문화적 차이 때문에 씨름을 한다. 학생들은 육을 좋아하고 시험을 칠 때 서로 돕고 싶어한다. 경우에 따라서는 이러한 방식이 가장 효과적일 수 있다. 학생들이 당연하게 여기는 시험 방식이 있을 수 있고 교사가 이와 다른 방식으로 시험을 보게 하면 교사는 현지 문화를 도외시하는 것이 된다. 전국 시험이 표준인 나라에서는 학생들이 이 시험을 잘 치를 수 있도록 준비시켜 주어야 한다. 최고의 교사는 다양한 전략을 사용하여 학생들의 학습을 향상시키고 발전 상태를 평가하는 교사이다.

5. 시각 학습에 대한 잘못된 기대

"그림 하나가 천 마디 말보다 낫다"라는 말이 있지만 그림이 항상 문화를 뛰어넘어 그 의미를 제대로 전달하는 것은 아니다. 사실 그림은 의미를 분명히 하기보다는 모호하게 하거나 왜곡하기도 한다. "하계 언어 연수원"(SIL)은 성경 번역 훈련 사역을 하면서 문자를 읽지 못하는 사람들을 접한 결과 그림은 많은 경우 원래 의도했던 뜻과 다르게 의미를 전달한다는 것을 발견했다. 이 연수원의 한 연구원은 브라질에서 사역했는데 표범이라는 단어를 브라질의 카야포(the Kayapo)라는 인디언에게 그림으로 알려 주려면 앞모습만 그려 주어야 하는데 이들이 동물에게 총을 쏠 때 정면을 향해서 쏘기 때문이라고 한다.

 이 책의 제 1장에서 얍 족 어린이들이 색깔에 대해 필자가 일반적이라고 생각한 개념과는 다른 개념을 가지고 있었다는 점을 언급했었다. 내 자신의 경험과 다른 학자들의 연구(Berlin and Paul Kay 1969; Peter Farb 1988)를 통해 볼 때 인간이 서로 같은 생물학적 능력을 소유하더라도 문화에 따라 같은 사물을 "달리" 본다는 점이 중요하다. 얍 족 어린이들이 파란색과 녹색을 구별할 때 바로 그랬다. 문화가 색 개념에 영향을 미친다는 사실을 필자가 일찍 알았더라면 학생들에게 먼저 색깔을 말해보라고 했을 것이다. 하지만 그렇게 했었더라도 소나무 그림 자체가 원래 소나무가 가지는 모든 다양한 색깔들을 전달하지 못하므로 시각적 표현은 여전히 한계가 있다.

 "하계 언어 연수원"의 존 아렌슨(Jon Arensen)은 수단(Sudan)의 열대 초원에서 사역했는데 물레 종족(the Murle)의 색깔 개념이 필자가 경험한 경우와 유사했다. 물레 족 사람들은 갈색을 수백 가지 이름으로 불렀다. 하지만 파란색과 녹색에 대해서는 한 단어만 썼다. 아렌슨이 색상 슬라이드를 보이면서 색상을 설명하려고 하자 그들은 물소의 가죽을 만져보거나 물소 몸이 젖은 곳과 마른 곳을 구별해서 색을 말해야 한다고 했다.

서양 교육자들은 그림의 유용성에 대하여 몇 가지 지침을 참고해야 한다. 첫째, 주제가 익숙한 것일 때는 그림으로 잘 전달이 된다. 둘째, 그림은 너무 자세하지 않아야 한다. 예를 들면, 잔디밭이나 구름이 아니라 사람의 활동에 중점을 두어야 한다. 셋째, 그림 안의 세부 사항도 정확해야 한다. 넷째, 분명하게 제시하고 전달하는 것이 중요한데, 보는 사람들은 그림의 구성이나 순서를 한눈에 파악하지 못하기 때문이다.

한 가지 흥미로운 이야기가 있다. 한 보건소 책임자가 말라리아의 위험성을 현지인들에게 알리고 방충망을 설치하도록 촉구하려 했다. 그래서 그는 사람들이 멀리서도 잘 볼 수 있도록 큰 모기 모형을 만들어서 홍보했다. 몇 개월 후 마을에 돌아와 보니 사람들이 여전히 방충망을 사용하지 않고 있었다. 웬일인지 물어 보았더니 이렇게 대답하는 것이었다. "우리는 그렇게 큰 모기는 하나도 없어요. 당연히 방충망은 필요없죠." 세부 사항이 정확하지 않았기 때문에 생각지도 못한 결과가 난 것이다.

6. 지위에 대한 잘못된 기대

지위 문화가 해외에서 가르치는 교사들을 어리둥절하게 하기도 한다. 아시아 여러 나라에서는 교사가 교실 안으로 들어오면 학생들이 모두 일어나거나 고개 숙여 인사하며 박수를 치기도 한다.

서양 교사들은 이럴 경우 아주 불편하게 느끼고 그렇게 못하게 한다. 이럴 경우 교사의 지위를 존경하는 고유한 방식을 철폐하는 것이 된다. 악의없는 순전한 조치이지만 부작용이 수년 후에도 나타날 수 있다.

어떤 문화권에서는 나이와 성별이 사회적 지위를 결정하는 중요한 요소이다. 자격을 잘 갖추었을지라도 여자이기 때문에, 나이가 어리기 때문에 당당한 교사로 인정받지 못할 수도 있다. 미국인들은 이러한 경우를 이해하기 어렵다. 여성들은 이러한 경우 직업 활동상에 막힌 벽이 있다고 느낀다.

또 다른 문화적 이슈는 복장이다. 미국에서는 오늘날 직장이나 교회에서 평상복을 많이 입는다. 한편, 지위 중심의 사회에서는 교사는 직책에 맞게 옷을 입어야 한다. 미국인들은 정장을 하는 것이 거북하다. 하지만 이것이 그 사회에서 요구되는 복장이라면 그렇게 해야 한다. 아프리카에서 만난 한 미국인은 아프리카인 동료에게 편한 복장을 해도 되냐고 물었더니 괜찮다고 했다. 그런데 아프리카인들은 누구고 그런 복장을 하지 않았는데 미국인에게 안 된다고 말하기가 거북해서 괜찮다고 말했던 것이었다. 세계 다른 곳에서 가르치는 서양 교사들은 교사들의 복장에 대한 지침이 있다는 것을 알아야 한다. 한 중국인 교수로부터 들었는데 귀걸이는 학생들에게 아주 신경쓰인다고 한다. 농촌 지역에서는 또 다른 복장 규정이 있을 것이다. 어떤 지역이든 복장 규정을 알아야 한다.

마빈 마이어스(Marvin K. Mayers)와 셔우드 링겐펠터(Sherwood Lingenfelter)는 복장 규정이 개인의 지위에 대한 문화적 관념과 관련

있다고 말한다(1986). 개인의 지위가 업적에 달려 있다고 보는 사람들은 직책에 따라 복장이 정해지는 규정을 받아들이기 어렵다. 한편, 지위가 이미 직책에 부여되어 있다고 보는 사람들은 직책에 따른 복장 규정을 당연하게 생각한다. 후자인 경우 교사들은 문화적 관념에 맞게 격식 있는 복장을 입어야 한다. 문화적 규정을 존중해야 한다.

7. 기획에 대한 잘못된 기대

서양 학교에서는 기획을 중요시 한다. 인가 기관은 학교가 기획 체계가 부실할 경우 심각하게 본다. 이러한 문화 속에서 대부분의 교사와 학교 행정 책임자들은 장단기 기획을 수립하는 습관이 있다. 그들은 예산을 기획하고 물자 목록을 관리하며 규칙적으로 교육 프로그램들을 평가하여 개선하려고 한다.

비서구 세계에서 가르치는 서양 교사들은 현지 지도자들이 이러한 기획을 하지 않으면 아주 못마땅하게 생각한다. 마빈 마이어스와 셔우드 링겐펠터는 이러한 차이를 가리켜 위기(crisis) 의식과 비위기(noncrisis) 의식의 차이라고 했다. 기획을 하는 서양 교사들은 위기 중심적(crisis oriented)이며 현지 지도자들은 비위기 중심적(noncrisis oriented)이라는 것이다.

위기 중심적인 사람들은 어디로 가야 할지, 어떻게 도달할 수 있을지 등의 미래를 계획한다. 이들은 목적과 목표를 세우기를 좋아하고 이를 이루기 위한 계획을 만든다. 비위기 중심적인 사람들은 그때 그때 당면하는 대로 반응하고 대응한다. 학교에서 종이를 제때에 주문하지 않아서 종이가 없고 학기가 시작되었는데도 교재가 도착하지 않았을 경우 서양 교사들은 속이 끓는다.

비서구 세계 여러 곳에서는 비위기적 태도가 더 강하다. 모든 비서구인들이 비위기적 태도를 가져서가 아니라 경제적, 정치적 불확실성으로 인해 사람들이 미래를 대비하기 어렵기 때문이다. 미리 필요한 물자를 주문한다 하여도 부족 간에 전쟁이 일어나면 비행기나 트럭이 못 움직이고 결국 제시간에 도착하지 못한다. 그러므로 비위기적 태도를 가지면 예상치 못한 일이 벌어져도 크게 당황하지 않는 면이 있다.

8. 잘못된 기대를 극복하기

이 장에서 서양 교사들이 당면하는 많은 문제들 중 일부만을 다루었을 뿐이다. 언급한 문제들은 많은 곳에서 공통적으로 발생할 가능성이 짙은 문제들이었다. 이 책 전체를 통해 효과적인 교사는 학습자의 자세를 갖고 사람들을 잘 이해해서 우리 자신의 교육 전략을 조정하고 사람들과 좋은 관계를 형성해야 한다는 것을 나는 강조하고자 했다. 150퍼센트의 사람이 되려는 노력이 있어야 하지만 우리 자신에게 강점 역시 있다는 자신감을 가져야 한다.

예를 들면, 어떤 서양 교사들은 스스로 비위기적 태도를 가진 사람이라고 생각하면서 기획을 중요시 안한다. 이런 사람들은 효과적으로 문제를 해결해야 할 경우 기여를 못하곤 한다. 반면 위기 중심적인 사람은 개발 국가에 가서 여러 가지 가능한 시나리오를 상상하면서 만전을 기한다. 투르크메니스탄에 있는 한 동료는 위기 중심적인 사람이었다. 하지만 비위기적 성향을 잘 이해하여서 일이 자기 생각대로 안 되기도 할 것을 이미 인정했고 다양한 방안이 있어야 할 것으로 생각했다. 한 방안이 소용 없으면 제2, 제3의 방안으로 대처해야 한다고 생각했다. 때로 그녀가 생각한 어떤 방안도 소용없을 경우 현지 문화에서 적절한 방안이 나올 수 있다고 기대했기 때문에 당황하지 않았다. "전략적 기다림"(strategic waiting)이라는 아프리카 방법이 "전략적 기획"(strategic planning)보다 훨씬 더 효과적일 수 있다(Ouedraogo and Hill 2002, 14). 그녀가 부정적으로 반응하거나 화를 낸다면 관계는 손상되고 무너진 신뢰관계를 다시 회복하는 것은 힘들 것이었다.

커리큘럼, 시험, 교사로서의 지위 등 무엇이 문제이든 간에 우리와 함께 일하는 사람들을 유익하게 하고 강화시켜야 한다. 이들이 우리가 있음을 기뻐하고 우리의 공헌을 기대할 수 있어야 한다. 우리가 기대한 바대로 안 될 때 우리와 함께 일하고 있는 사람들이 우리를 도울 수 있다는 점을 기억해야 한다.

150퍼센트의 사람이 되어 가면서 당신은 무엇을 포기해야 할지에 대하여는 덜 생각하게 되고 오히려 당신의 선택 목록과 당신의 역량에 무엇이 추가될 것인지를 더 생각하게 될 것이다. 마태복음 7:1-12의 예수님의 말씀을 적용하는 것이 가장 큰 자원이다. 첫째로 다른 사람을 쉽게 판단하거나 정죄하지 않아야 하고 제대로 이해하고 있다고 속단하지 말아야 한다. 그 대신, 사랑의 관계라는 본질적 원리를 적용해야 한다. 그리고 그들이 무엇을 하려 하고 당신을 어떻게 섬기려 하고 있는가를 생각해 보아야 한다. 발생한 일에 대하여 그들의 견해를 이해하려고 노력해야 한다. 관계의 문이 열릴 때까지, 이해를 갖게 되어 당신의 아픔이 가실 때까지 당신과 그들이 함께 역량 있게 일할 수 있도록 문을 계속 두드려야 한다.

9. 탐구 질문

(1) 성취적(achieved) 지위와 태생적(ascribed) 지위, 위기적 태도와 비위기적 태도 중 당신은 어디에 속하는가? 당신은 얼마나 유연성을 가지고 있는가? 당신은 생활 속에서 질서와 구조가 필요한가? 당신은 계획표대로 일하는 것이 어려운가?

(2) 다른 언어를 구사하는 학생들을 만나서 대화를 나눔으로써 이 장에서 언급한 색상 분류법의 예와 같이 서로 다른 문화적 관점이 있는지 알아보라. 몇 년 전에 미국의 한 기독 대학에서 한국인 대학원생이 교생 실습 시간에 학생들에게 태양이 붉은 색이라고 말해서 교수로부터 평가 점수를 낮게 받았는데 교수는 오렌지 색이라고 보았기 때문이었다. 그런데 대부분 아시아권에서는 태양이 붉은 색이라고 생각한다.

타문화 사역과
교육

TEACHING
Cross-Culturally

9
타문화권 교육 사역의 준비

리베리아(Liberia)에서 전쟁이 일어나자 델(Del)은 아내 베키(Becky)와 아이들을 코트디부아르(the Ivory Coast)로 떠나도록 해야 했다. 델과 다른 아프리카 신학교(African Bible College) 교수들 그리고 학생들은 남아서 신학교를 지켰다. 델은 학생들에게 깊이 헌신하였고 그들을 사랑하고 그들의 문화를 배우고 그들을 이끌어 주었다. 델은 리베리아 군인들이 몬로비아(Monrovia)에서 학교와 선교관을 파괴했다는 것을 알고 있어서 신학교가 그들의 손에 들어갈까봐 우려했다. 그는 지역 관료들과 관계를 쌓았고 그들의 사무실, 가정, 병원을 방문했다. 그는 격주로 군대에 쌀을 지원했고 군인들이 학교에 오면 환영하고 친구에게 하듯 따뜻하게 대했다. 반면 군인들은 학교가 안전할 수 있도록 협조했다.

주변에서 전투가 계속되었지만 학생들은 델에게 계속 가르쳐

달라고 요청했다. 학생들은 열심히 배우고자 했고 그 해에 학업을 마치려고 애썼다. 나이지라의 폭격이 몬로비아 북부로부터 여러 도시로 이어졌다. 폭격이 신학교가 있는 예케파(Yekepa) 시까지 미치려 하자 델과 학생들은 땅을 파서 피신처를 만들었고 차량을 나뭇가지 아래 감추었다. 나이지리아 폭격기가 신학교 캠퍼스 위로 낮게 날아 다니자 학생들과 마을 주민들은 이제 피신을 가야 했다. 델 역시 아이보리 코스트로 피신했다.

1년 후 종전이 되자 이들은 고향으로 돌아올 수 있었고 학업을 마쳤다. 졸업식은 역사적인 순간이었다. 일부 지역은 여전히 전쟁 중이고 군사 통치와 유엔 평화유지군이 지역에 있었지만 델 선교사와 신학교 교수들은 학생들에게 학사 학위를 수여할 수 있었다.

델 선교사가 학습자로서 시작했었기 때문에 학생들과 학교는 불가능한 환경을 이길 수 있었다. 델 선교사의 헌신이 있었기에 학교는 전쟁 속에서도 건재하고 졸업생들을 배출할 수 있었다. 델은 훌륭한 학교를 만들기 위해 열심히 일했으며 성공은 기술이나 설비, 강의가 출중해서가 아니었다. 델과 그의 아내 베키는 학생들의 기대가 무엇인지를 탐구했고 그들의 인간관계 방식을 배워서 자신들의 관점과 방식을 재조정한 것이다.

앞의 여러 장에서 나는 비서구 사회 속에서 서양 교사들이 마주치는 여러 문화적 이슈와 도전들을 다루었다. 목표는 교사들이 150퍼센트 사람이 되어서 자신이 알고 있는 기존의 교육 방식을 잘 활용하고 동시에 타문화권에서 효과적인 교육 방식을 개발해 나갈 수 있게 하기 위함이었다. 한 문화를 제대로 이해하려면 많은 노력이 필요하다. 모든 문화는 복잡성을 띠고 있으며 그 문화 속에서 어려서부터 자란 사람들처럼 살고 일하려면 오랜 세월이 걸릴 것이다.

이 장에서는 교사들이 교실 바깥에서 현지 문화를 어떻게 배울 수 있고 델 선교사와 베키처럼 현지인들과 어떻게 좋은 관계를 형성할 수 있는지에 대해 알아 볼 것이다. 어떤 방법은 현지에 도착하기 전에 미리 사용할 수 있고 어떤 방법은 현지에 도착한 이후 지역사회 속에서 매일 사용되어야 한다. 최고의 교사는 사람들에 대하여 배우기를 계속하며 지역사회에 적극적으로 참여하는 사람이다.

1. 학교의 정치적 환경

리베리아(Liberia)에서 사역한 델(Del) 선교사의 경우 아프리카 신학교(African Bible College)의 정치적 환경을 잘 이해하는 것이 중요했다. 델은 정부 관리와 군대 지휘관들과 관계를 쌓기 위해 많은 시간과 노력을 들였다. 그는 지역사회의 행사에 참석했고 학교의 시설을 지역사회에 제공했으며 지역사회 협의회에도 참석했으며 구제품들을 공급했다. 이와 같은 그의 참여로 인해 지역사회 정책에 영향을 미칠 많은 기회들을 얻었고 위협적인 상황 속에서 지역사회가 학교의 방패막이 되어 주었다. 델은 또한 정권의 움직임을 예의 주시하였다. 그는 학교를 위해 중립적인 태도를 유지하였고 학교를 방문하는 공인들을 환대하였다. 교사들은 절대로 진공 상태의 환경에서 일하지 않는다! 학교가 가지고 있는 정치적 환경을 이해하는 것은 너무나 중요하다.

이러한 이해를 가지려면 우선 그 나라의 정치, 경제 상황을 기술하고 있는 가장 최근의 책을 구해서 읽어야 한다. 이러한 책은 그 나라의 역사적 상황도 설명해 주며 그 나라와 관련한 다른 여러 정보들을 잘 이해할 수 있게 해 주며 적용할 수 있는 실마리를 제공한다. 보다 최근의 사건들을 이해하려면 인터넷 기사 내용과 그 사건을 분석한 논설들을 읽어야 한다.

현지에 도착하면 지역에서 영향력 있는 관리가 누구인지 파악하라. 그들을 초대하거나 정기적으로 방문하여 당신이 그들을 인식하고 있음을 알게 하라. 환경이 허락하면 고위 정부 관료들에게 존경을 표하고 학교에서 사할 수 있도록 허락해 준 것에 대하여 감사를 표하라. 델 선교사 부부는 의도적으로 위험도 감수하며 관계자들을 만나고 자원을 지역사회에 나누면서 상호 관계를 쌓았다.

영국 출신의 문자 교육 선교사는 교육부 장관에게 아프리카 현지어 기초 교본의 필요성을 역설했다. 장관은 공교롭게도 그 현지어 종족 출신이었다. 그는 문자 교육 프로젝트에 큰 관심을 갖게 되었고 기초 교본뿐 아니라 시리즈로 중, 상급 교본까지 만들도록 제안했다. 아주 큰 결실이었는데 이 선교사가 교육부를 배제시키지 않고 문자 교육 사역을 진행했기 때문이었다.

현지에 도착한 초기부터 정치적 환경을 파악해야 한다. 필자에게서 배운 학생 중 하나가 공산주의가 붕괴된 우크라이나(Ukraine)

에서 연구 조사를 했었다. 이 학생은 "학교에 학생 수가 얼마나 되요?"라는 단순한 질문을 했는데 상당한 의심을 받았다는 것이다. 왜 알기 원하는가? 그 정보를 가지고 무엇을 하려는가? 수업을 참관하고 교육에 대하여 질문을 하려고 했지만 협조하려고 하지 않았다. 그는 정치적 이슈가 있어서 그랬다는 것을 알게 되었다. 사람들은 정보를 알려 주면 자신의 자리가 위태롭게 되고 정부 관료들에게 잘못 보이게 될까봐 그런 것이었다. 그래서 사람들에게 지장이 되지 않는 방식으로 연구 조사를 해야겠다고 생각하게 되었다.

앞에서 언급한 델(Del) 선교사 부부는 정치적 상황을 잘 이해하여 성육신적 교사가 되는 길을 잘 보여 준다. 이들은 권위를 가진 자들을 존경하고 순복하라는 성경적 가르침을 잘 따랐고(벧전 2:13) 위압적이고 까다로운 관료들과 좋은 관계를 쌓기 위해 노력했다. 전쟁이 발발해서 학교가 위태롭게 되었지만 쌓여진 관계로 인해 학교가 보호를 받을 수 있었다.

성경적 원리를 따라 우리와 함께 일하는 사람들을 존중하고(벧전 2:17) 지도자들에게 순복하고(벧전 2:13) 다른 사람들에게 선을 행할 때(벧전 2:15) 화평과 친선의 축복이 서로에게 있을 것이다. 외국에서 일할 때 이러한 자세가 특별히 중요한데 우리가 관리들을, 동료들을, 교사들을, 학생들을 어떻게 대하느냐가 우리의 증거를 좌우하기 때문이다.

2. 지역사회 속에서 인간관계를 만들라

타문화권에서 편안한 생활을 하려면 고국에서 있었던 인간 관계들이 그 곳에서도 생겨야 한다. 대부분의 미국 기독교인들은 가족, 직장, 교회라는 세 가지 영역 속에서 산다. 많은 선교사들이 이 세 가지 영영 모두를 자신들의 선교 사역처에서 소화하고 있다. 지역사회와 지역문화 속에 있는 현지인들의 생활 속에 들어가서 사역을 하고자 한다면 이러한 방식은 바람직하지 않다. 그렇다면 현지인들과 지역사회로부터 고립되지 않기 위해서 어떻게 해야 하는가?

첫째, 당신과 함께 일하는 현지인들 가족과 친해지고 그들에 대하여 알려고 하라. 당신이 만약 현지인 교사들과 함께 일하고 있다면 그들의 가정을 방문하라. 또한 학교 교사들이 대부분 외국인이라면 학생들이나 직원들의 집을 방문하라. 초대를 기다리지 말라! "갑자기 들르는 것"이 일반적인 관습인 경우가 많다. 방문에 대한 현지 관습이 무엇인지 모르겠으면 동료에게 물어보라. 어떻게 하면 친구가 될 수 있는지도 물어보라.

매번 방문이 어떻게 하면 배움의 기회가 될 수 있을지 미리 계획하라. 메모를 하고 아이들과 가족의 이름을 적어 두라. 동료 교사들에게 학교 교사가 된 동기를 물어보라. 가족과 친척들에 대하여 물어보라. 집에 와서 메모를 해 두라. 기억해 두어야 할 것들이 있는데 방문 시 음식이나 선물을 주는지를 눈여겨 보고 그렇다면 그들이 나중에 당신의 집을 방문할 때 같은 방식으로 보답해야 한다. 당신이 살고 있는 지역의 지도를 구해서 당신이 아는 학생들이나 사람들이 거주하고 있는 위치를 표시해 두는 것이 도움이 된다. 이렇게 하면 이들이 당신의 집까지 오는 거리, 그들이 처한 형편을 이해하는 데 크게 도움이 된다.

둘째, 당신의 필요를 채워 줄 수 있는 관계망을 형성해야 한다. 어디서 살든지 음식과 물자, 서비스를 제공하는 가게들이 있다. 가까이 있는 가게들을 차례로 방문할 계획을 세우라. 가게를 방문해서 자신을 소개하라. 그들의 이름도 물어보고 대화를 나누라. 지역에서 교사로 일하고 있다고 자신을 소개하고 물건 구하는 것을 도와달라고 부탁하라. 그들의 언어를 아직 구사하지 못한다면 언어를 배울 수 있는 좋은 기회가 된다. 멀리 운전하고 가서 물건을 싸게 살 수도 있겠지만 가까운 가게에 가면 훨씬 언어를 잘 배울 수 있는 잇점이 있다.

이웃을 다니다가 가장 적합한 가게나 사람들을 선정한 후 재차 방문하라. 간단히 "어떻게 하면 빨리 친구가 될 수 있죠?"라고 질문해 보라. 그러면 상대방은 당신이 친하고 싶어한다고 생각할 것이고 그들의 대답을 통해 현지인들의 기대가 무엇인지 이해하게 될 것이다. 그들의 대답을 메모해 두고 어떻게 현지인들과 관계를 형성할지 방안을 세우라.

일상 생활에서 우리는 다양한 서비스를 필요로 한다. 기계, 목공, 전기 등 다양한 기술자가 필요하다. 문제가 발생하기 전에 미리 이러한 사람들을 알아 두면 상당히 도움이 된다. 작은 선물을 주는 것이 사람을 사귀는 데 큰 효과가 있다. 카메룬(Cameroon)의

한 직원은 정기적으로 우편함 위에 초콜렛을 올려 두었는데 우편물을 잘 받기 위함이었다. 이와 같이 작지만 사려 깊은 행위를 통해 좋은 관계가 수립되고 나중에 곤경에 처했을 때 도움으로 돌아온다.

3. 친밀한 가정 및 교제 모임을 발견하라

　지역사회에 들어가는 세 번째 단계는 적합한 가정과 교회를 발견하여 그들이 당신의 가족이 되게 하고 그 교회가 당신의 교회가 되게 하는 것이다. 동료들의 집을 방문하면서 당신과 당신의 가족에게 잘 맞는 두세 가정을 발견하라. 이들과 친밀한 관계를 발전시키라. 두 번째로 방문하는 것은 관계를 발전시키고자 하는 의사를 표명하는 것이다. 재차 방문할 때에 당신 가족과 당신의 배경에 대하여 이야기할 준비를 하라. 또한 그들 자신의 이야기를 들으라. 결혼, 부모, 자녀들에 대한 이야기는 서로를 이해하는 데 큰 도움이 된다. 이러한 대화 자체가 흥겹지만 또한 서로 간에 문화적 차이를 이해하는 데 도움이 된다.

　많은 비서구 사회에서는 서로 간에 빚지고 상호 의무가 있어야 깊은 관계가 형성된다. 친해지고 싶어하는 의도를 가장 잘 표현하는 방법은 상대에게 도움을 청하는 것이다. 이러한 대인관계 방식은 서양인들에게는 거북하다. 자립의식이 강한 서양인들은 주는 것보다 도움을 구하는 것이 더 어렵지만, 많은 비서구 사회에서는 도움을 청하는 것이 친해지는 데에 아주 필요하다. 주고 받음으로써 서로 지원하는 친밀한 관계가 형성된다. 현지인 가정들을 방문하여 친분이 쌓일 경우 이들이 고향의 가족같이 느껴질 만큼 친밀한 관계가 될 수 있다.

때로 사람들이 당신을 방문해서 도움을 청하기도 한다. 이러한 방문과 도움 요청은 더 친해지고 싶기 때문이다. 호의를 보여야 하겠지만 항상 받아들일 수는 없다. 문을 노크하고 도움을 청하는 사람들에게 어떻게 응답해야 하는지 현지 동료들에게 물어보라.

지속적으로 교제할 현지 가정을 선택하는 것은 간단하지 않다. 한 가정을 택하여 교제를 하였는데 그들이 당신으로부터 능력 이상의 많은 것을 기대한다면 곤란할 것이다. 그러므로 두세 가정과 교제하면서 한 가정에게 더 헌신하는 편이 좋다. 얍 족 사람들 속에서 살 때 나는 두 가정과 친밀했는데 한 가정은 우리가 살던 동네에 살았고 다른 한 가정은 15킬로미터 떨어진 곳에 살았다. 두 가정 모두 우리에게 소중했는데 이들은 우리의 필요를 공급해 주었고 우리는 휴일이나 가족 행사 때에 그들에게 필요한 것을 공급했다.

교회를 선택하는 것은 훨씬 힘들다. 대부분의 그리스도인들은 자신이 좋아하고 끌리는 예배 형태가 있다. 잘 모르는 언어가 사용되는 예배에 가면 지루하고 답답하게 느낀다. 그 결과 현지어를 못하는 교사들은 다른 외국 출신자들이 모이는 영어 예배에 가게 된다. 정서적, 영적 필요가 채워지지만 지역사회 주민들과는 유리된다.

이 문제를 극복하는 한 방법은 교회 출석을 "예배 참석"에 그치지 않고 "나눔과 봉사"라는 차원으로 생각하는 것이다. 교회 공동체 안에서 봉사는 다양하다. 동료 교사들에게 교회에 어떤 봉사들이 필요한지 물어보라. 언어 구사가 부족한 상태에서도 가능한 봉사는 어떤 것이 있는지 물어보라. 당신과 당신의 가족들에게 적합한 소그룹 모임이 있는지 찾아보라.

영적 교제를 나누기 위해 신자 가정을 방문하라. 당신의 회심과 영적 순례에 대하여 그들에게 이야기해 주고 또한 그들의 이야기를 들으라. 당신이 좋아하는 찬송가를 그들에게 소개하라. 서로의 은사에 대하여 나누고 하나님이 주신 축복을 이야기 하라. 아프거나 슬플 때 서로 위로하라. 서로를 위해 중보하고 도우라.

몇몇 가정들과 친밀한 영적 관계가 형성되면 언어 때문에 예배가 잘 이해되지 않더라도 상호 관계와 상호 섬김을 통해 큰 만족감이 올 것이다. 영적, 문화적 충족 때문에 영어 예배가 생각날지 모르지만 현지 교회 공동체 속에서의 교제와 봉사가 의미있다는 것을 기억해야 한다.

현지 언어를 배우는 것은 너무나 중요하다. 학생들의 문화를 알고자 한다면 그들의 언어를 철저히 공부해야 한다. 다문화 학교에서는 이것이 어려울 것이다. 학생들이 다양한 민족 출신이고 언어도 각기 다르면 학교가 정한 공식 언어만이 학교에서 쓰일 것이다. 외국에서 온 교사들은 현지 국가 언어를 배워야 한다. 언어를 배우는 동안 학교의 관행, 사람들의 사고방식을 이해할 수 있게 된다. 탐 브루스터(Tom Brewster)와 엘리자벳 브루스터(Elizabeth

Brewster)가 저술한 『언어습득의 실제』(*Language Acquisition Made Practical*, 1976)라는 책은 현장에서의 언어 습득과 문화 이해 방법을 알려주는 탁월한 저서이다.

4. 문화 충격의 극복

150퍼센트 사람이 되는 것은 쉽지 않다. 사실 그 과정이 힘들고 고통스럽다. 스트레스가 너무 커서 아무리 좋은 의도를 가지고 노력해도 절망하거나 우울증까지 경험한다. 문화 충격은 자신과 다른 생활방식을 가진 사람들과 살면서 생기는 스트레스, 우울감, 무력감을 뜻한다. 문화 충격은 6개월 이상 다른 문화 속에서 산 사람들이 일반적으로 겪는 현상이다. 어떤 사람은 짧게 겪기도 하지만 어떤 사람은 상당히 오래 겪는다. 어떤 사람은 심각하게 겪지만 어떤 사람은 경미하게 겪는다. 어떤 사람은 만성적으로 겪지만 어떤 사람은 회복이 빠르고 정상이 된다. 교사들 역시 마찬가지다. 문화 적응의 단계와 문화 충격 극복 방안을 살펴보기로 한다 (표 9-1 참조).

첫 번째 단계는 칼베로 오버그(Kalvero Oberg 1960)에 따르면 교사들은 처음에 현지에 와서 신혼이나 여행자 같은 기분을 가진다. 현지로 떠날 채비를 하면서 먼저 시급한 문제들을 생각한다. 무엇을 가져갈 것인가? 현지에는 어떤 물품들이 있을까? 친구들로부터 타문화 충격에 대한 이야기를 들을 수도 있다. 짐을 꾸리며 떠날 준비를 하는 동안 흥분되기도 하고 두렵기도 하다. 현지에 도착하면 처음 몇 주간은 여행자처럼 이국적 광경에 흥미를 느낀다. 그러나 낯선 음식, 시끄러운 거리, 물건 값 흥정, 미소 짓는 아이들, 좋은 호텔, 소매치기에 대한 두려움 등 희비가 엇갈린다.

두 번째 단계의 스트레스는 한 곳에 정착해서 살 때이다. 전화를 설치하는 데 6개월이 걸리기도 한다. 전기가 자주 끊기고 컴퓨터에 수록한 자료를 모두 잃을 수도 있다. 수업에서 쓸 교재들은 주문했다고 하는데 소식이 없다. 우리는 스트레스를 대처하며 살아 왔지만 현지에서 겪는 새로운 스트레스에 대해서는 대책이 없다. 우리는 현지에서 일어나는 문제를 우리의 방식으로 풀려 하지만 해결이 안 되고 만다. 예를 들면, 전화 회사 직원이 거듭 사과하지만, 아무리 큰 소리치고 달래고 해도 전화는 설치가 안 되고 있다. 문제를 해결하는 방법을 모르고 있기 때문이다.

표 9-1 적응의 단계

신혼여행이나 여행자
문화적 스트레스
문화 충격
적응
귀환: 본국 문화를 수용하기 어려움

표 9-2 문화 충격에 대한 반응의 유형(Oberg 1960, 177-82 참조)

역기능적 반응들	순기능적 반응들
철수	현지인들을 자신의 교사로 삼음
은둔	통찰과 기도
공격	감사와 은혜
의존	당당함
	유연성

세 번째 단계는 문화 충격인데 스트레스가 너무 심해서 압도당하는 경우이다. 사람들은 충격에 다양한 방식으로 대응한다. 오버그(Oberg)에 의하면 사람들은 순기능적으로 반응하든지 역기능적으로 반응한다(표 9-2).

첫 번째 역기능적 반응은 고향으로 돌아가려는 것이다. 스트레스가 너무 커서 그만 두려는 것이다. 때로 이러한 결정이 좋은 결정일 수도 있다. 문화를 접하는 초기 단계에서 문화적 충격을 극복할 수 있는 새로운 대안을 바로 만들기는 쉽지 않다.

두 번째 반응은 은둔(withdrawal)이다. 되도록 현지 사회에서 멀리 떨어져 생활하는 것이다. 이러한 격리 생활은 우울증으로 이어지기 쉽고 더 나아가 신체적 질병이 생긴다. 자신의 고향과 유사한 장소를 만들어서 이겨보려 하지만 일시적 효과만 있을 뿐이다. 식민지 선교 시대에 선교사들이 선교촌에서 지낸 것은 본국의 문화로 현지 문화 충격을 극복하려는 장치였다.

세 번째 반응은 정면 충돌을 해서 문제를 해결하려고 하는 것이다. 한 러시아인이 캘리포니아의 한 상점에 갔다. 점원이 자신이 요구한 것을 들어 주지 않자 크게 소리를 쳐서 소란이 일어났다. 러시아에서 일했던 내 친구에게서 들은 이야기인데 러시아에서는 이러한 방식이 널리 인정되고 있다는 것이었다. 하지만 미국에서는 역작용을 일으켜서 경비원이 와서 그 러시아인을 상점 밖으로 내보내고 말았다.

네 번째 역기능적 반응은 의존인데 무엇이든 현지에서 원하는 대로 하고 이해하거나 조정하려고 하지 않는 것이다. 이 반응은

"현지화"라고도 불린다. 나는 얍 족 사람들 속에서 살면서 세 살 된 내 딸이 이렇게 행동하는 것을 보았다. 내 딸은 영어로 말하려 하지 않았고 얍 족의 옷을 입었으며 얍 족 아이들처럼 행동했다.

문화 충격을 건설적으로 이기는 방안들이 있다.

첫째, 현지인들을 당신의 친구로 삼는 것이다. 당신이 밖으로 나가서 접하지 않는다면 생존법을 결코 터득할 수 없다. 오버그(Oberg)는 은둔(withdrawal)을 순기능적 반응으로 보는데, 나는 "사색"과 "기도"의 시간이 되어야 한다고 생각한다. 사색과 더불어 자신이 통제할 수 없는 상황에 대하여 기도함으로 마음의 평강을 얻어야 한다.

둘째, 또 다른 건설적 방안은 감사와 은혜이다. 현지인으로부터 한 잔의 차를 대접을 받을 때 본인은 찬 물을 마시고 싶었을지라도 감사하게 먹으면 호의를 받아준 것에 대하여 그들은 좋은 인상을 갖는다. 에어컨이 없다고 불평하기보다는 방충망이 있음을 감사해야 한다. 사도 바울은 "범사에 감사하라"고 신자들을 격려했다(살전 5:18). 어떤 환경일지라도 그 안에서 감사를 표현하면 만족이 싹튼다.

셋째, 당당함(assertiveness)이 순기능이 될 수 있다. 생존이 위협받지 않는 한 자신의 정체성을 유지하고 현지 문화 방식을 따르지 않아도 된다. 예를 들면, 선교사는 술을 권유받을 경우 받아들이지 않고 대신 현지인들이 나뭇잎을 씹으라고 권할 때 응함으로써 그들의 호의에 응답할 수 있다. 현지에 적응하기 위해서 자신의 정체성을 모두 버리면서까지 그들과 똑같이 될 필요는 없다. "서로 편하면 된다"(Casse 1979, 88).

넷째, 문화 충격에 대한 순기능적 반응으로서 마지막으로 언급할 것은 유연성이다. 유연성은 150퍼센트 사람의 습관이다. 이 사람은 문화 환경에 따라 적절한 선택을 한다. 서구 사회에 가면 서구적 방식을 취하고 비서구적 사회에 가면 비서구적 방식을 취한다. 지위는 성취적이기도 하고 물려 받기도 하는 것으로 이해한다. 둘 다 중요하다고 생각한다. 효과적인 교육 방법을 강구하고 계획대로 안 되면 기다릴 줄 안다. 자원이 많든 부족하든 잘 대처한다. 현지 음식과 현지인들의 호의를 즐거워 하며 고향에서 가져온 물품들에 대하여 감사한다. 고국 문화 관습에 연연하지 않고 현지 문화를 기꺼이 수용하며 양쪽을 모두 누리는 자유를 즐거워한다.

문화 충격을 성공적으로 이기고 현지 문화를 즐길 수 있게 되면 이제 또 하나의 장애물을 만난다. 고국으로의 귀환이다! 과거 세계로의 귀환은 새로운 세계로의 적응만큼이나 어렵다. 고국에 있는 사람들의 생활 방식이 자신과 많이 다른 것을 보면 고국의 문화가 거북해 진다. 비판적인 생각이 들면서 고국의 친구들과 가족들이 물질과 스포츠 게임에 집착하고 우리가 현지에서 경험한 것들에 대하여 관심이 없어 보인다. 현지 문화에 적응했던 것보다 고국의 문화에 적응하는 것이 더 힘들게 느껴진다.

마빈 마이어스(Marvin K. Mayers)는 자신을 인정하는 것이 변화의 시작이라고 말한다. 특히 서양 출신 교사들이 비서구 국가에 갈 때 그렇다. 당신은 당신의 과거를 바꿀 수 없으며 당신의 문화라는 감옥과 감정이라는 감옥이 당신의 행동을 좌우한다. 예를 들면, 당신이 답답한 일에 쉽게 화를 내는 성격이라면 타문화권에서는 더 심해질 것이다. 일이 제대로 안 될 때마다 한탄할 것이다. 당신 자신과 당신의 편향성, 당신의 감정적 성향을 잘 이해하고 있다면 당신의 반응을 미리 예측하고 대비할 수 있다.

　자신을 인정하고 그리스도 안에서 변화되는 것은 다른 두 문화적 세계 사이에서 살 경우 특히 중요하다. 우리가 우리 자신이 누구인지를 이해하고 예수 그리스도의 능력 속에서 변화될 필요가 있음을 인정할 때 타문화권에서의 교육 사역은 성공할 수 있다. 당신이 타문화권에서 가르치고자 한다면 문화습득의 모험 속으로 즐겁게 들어가라.

5. 탐구 질문

(1) 당신이 가서 일할 국가의 공식 인터넷 홈페이지를 검색하라. 국가의 정치, 역사, 인구, 문자 해독률, 평균 수명 등의 정보를 담고 있는 웹사이트를 찾으라. 이러한 정보들이 수업을 계획하는데 어떤 역할을 하는가?

(2) 적어도 세 명의 선교사를 만나서 문화 충격을 어떻게 극복했는지 물어보라. 그들이 공통적으로 경험한 것은 무엇인가? 그들의 이야기를 듣고 배운 점은 무엇인가?

참고 문헌

Allen, Roland. 1930. *Missionary Methods, St. Paul's or Ours: A Study of the Church in Four Provinces.* London: World Dominion Press.

Bateson, Gregory. 1972. *Steps to an Ecology of Mind.* San Francisco: Chandler.

Berlin, Brent, and Paul Kay. 1969. *Basic Color Terms: Their Universality and Evolution.* Berkeley: University of California Press.

Bowen, Earle, and Dorthy. 1988. Contextualization of Teaching Methodology in Theological Education in Africa. ERIC Document Reproduction Service No. ED 315 382.

Brewster, Tom, and Elizabeth. 1976. *Language Acquisition Made Practical.* Colorado Springs: Lingua House.

Casse, Pierre. 1979. *Training for the Cross Cultural Mind.* Washington, D.C.: SIETAR.

Chinchen, Del. 1994. The Patron-Client Relationship Concept: A Case Study from the African Bible Colleges in Liberia and Malawi. Ph.D. diss., Biola University.

Cohen, Rosalie. 1969. Conceptual Styles, Culture Conflict, and Nonverbal Tests of Intelligence. *American Anthropologist* 71:828–56.

Douglas, Mary. 1982. Cultural Bias. In *In the Active Voice.* London: Routledge and Kegan Paul.

Dyrness, William A. 1990. *Learning about Theology from the Third World.* Grand Rapids: Zondervan.

Elmer, Duane. 1993. *Cross Cultural Conflict*. Downers Grove, Ill.: InterVarsity.

Farb, Peter. 1988. Man at the Mercy of Language. In *Toward Multiculturalism*, edited by Jaime S. Wurzel. Yarmouth, Maine: Intercultural Press.

Flowerdew, John, and Lindsay Miller. 1995. On the Notion of Culture in L2 Lectures. *TESOL Quarterly* 29, no. 2:345–73.

Furey, Patricia. 1986. A Framework for Cross-Cultural Analysis of Teaching Methods. In *Teaching Across Cultures in the University ESL Program*, edited by Patricia Byrd. Washington, D.C.: National Association for Foreign Student Affairs.

Gardner, Howard. 1983. *Frames of Mind: The Theory of Multiple Intelligences*. New York: Basic Books.

———. 1999. *Intelligence Reframed*. New York: Basic Books.

George, Pamela. 1995. *College Teaching Abroad*. Boston: Allyn and Bacon.

Gochenour, Theodore. 1993. *Beyond Experience*. 2d ed. Yarmouth, Maine: Intercultural Press.

Goodnow, Jacqueline. 1990. The Socialization of Cognition: What's Involved? In *Cultural Psychology: Essays on Comparative Human Development*, edited by James Stigler, Richard Shweder, and Gilbert Herdt. Cambridge: Cambridge University Press.

Harris, Stephen. 1984. *Culture and Learning*. Canberra, Australia: Institute for Aboriginal Studies.

Harvey, Jerry. 1988. *The Abilene Paradox*. New York: Lexington Books.

Heath, Shirley Brice. 1982. Questioning at Home and School: A Comparative Study. In *Doing the Ethnography of Schooling*, edited by George Spindler. New York: Holt, Rinehart & Winston.

Henry, Jules. 1976. A Cross Cultural Outline of Education. In *Educational Patterns and Cultural Configurations*, edited by Joan Roberts and Sherrie Akinsanya. New York: David McKay.

Hiebert, Paul. 1982. The Flaw of the Excluded Middle. *Missiology* 10, no. 1:35–47.

Hilgard, Ernest, and Gordon Bower. 1981. *Theories of Learning*. 5th ed. Englewood Cliffs, N.J.: Prentice Hall.

Jackson, Philip. 1968. *Life in Classrooms*. New York: Holt, Rinehart & Winston.

Kohls, L. Robert, and John M. Knight. 1994. *Developing Intercultural Awareness: A Cross Cultural Training Handbook.* 2d ed. Yarmouth, Maine: Intercultural Press.

Kolb, David. 1984. *Experiential Learning.* Englewood Cliffs, N.J.: Prentice Hall.

Kraft, Charles H. 1983. *Communication Theory for Christian Witness.* Nashville: Abingdon.

―――. 1999. *Communicating Jesus' Way.* Rev. ed. Pasadena, Calif.: William Carey Library.

Lewin, Kurt. 1957. Field Theory in Social Sciences. New York: Harper & Row.

Lingenfelter, Judith E. 1981. Schooling in Yap: Indigenization vs. Cultural Diversification. Ph.D. diss., University of Pittsburgh.

―――. 1990. The Relationship between Cognitive Style and Schooling Success. *Christian Education Journal* (Hong Kong) 2:32–36.

Lingenfelter, Sherwood. 1992. *Transforming Culture.* Grand Rapids: Baker.

―――. 1996. *Agents of Transformation.* Grand Rapids: Baker.

―――. 1998. *Transforming Culture.* 2d ed. Grand Rapids: Baker.

Lingenfelter, Sherwood, and Marvin K. Mayers. 1986. *Ministering Cross-Culturally.* Grand Rapids: Baker.

Marantika, Saria. 2002. The Use of a Culturally Sensitive Song Form—Macapat—to Teach the Bible in Rural Java. Ph.D. diss., Biola University.

Mayers, Marvin K. 1987. *Christianity Confronts Culture.* 2d ed. Grand Rapids: Zondervan.

Murdock, George Peter. 1987. *Outline of Cultural Materials.* 5th rev. ed. New Haven, Conn.: Human Relations Area Files.

Ng, Tjoh Dju. 2000. A Study on Community at a Theological Institution in Manila Using Victor Turner's Theory. Ph.D. diss., School of Intercultural Studies, Biola University.

Oberg, Kalvero. 1960. Culture Shock: Adjustment to New Cultural Environments. *Practical Anthropology* 7:177–82.

Ouedraogo, Boureima, and Harriet Hill. 2002. When Bureaucracies Meet Relation-Based Organizations. *Ethno-info* no. 50 (March).

Piaget, Jean. 1970. *Science of Education and the Psychology of the Child.* New York: Viking.

Portin, Gail. 1993. Chinese Students and Questioning Skills in American Graduate Level Classrooms. M.A. thesis, Biola University.

Seelye, H. Ned. 1996. *Experiential Activities for Intercultural Learning*. Yarmouth, Maine: Intercultural Press.

Serpell, Robert. 1993. *The Significance of Schooling*. Cambridge: Cambridge University Press.

Spindler, George. 1987. *Education and Cultural Process*. 2d ed. Prospect Heights, Ill.: Waveland Press.

Steffen, Tom. 1996. *Reconnecting God's Story to Ministry: Cross-cultural Storytelling at Home and Abroad*. La Habra, Calif.: Center for Organization and Ministry Development.

Taylor, William, ed. 2000. *Global Missiology for the Twenty-First Century*. Grand Rapids: Baker.

Tobias, Cynthia. 1994. *The Way They Learn*. Wheaton: Tyndale.

Werner, David, and Bill Bower. 1982. *Helping Health Care Workers Learn*. Palo Alto, Calif.: Hesperian Foundation.

Wolcott, Harry. 1987. The Teacher as Enemy. In *Education and Cultural Process*, edited by George Spindler. 2d ed. Prospect Heights, Ill.: Waveland Press.

주제 색인

[ㄱ]

가나 141
가상 실험 121, 124-125, 129, 130
가정 23, 30, 32, 68, 72
가족 30, 38, 40, 67, 78
가치 29, 32, 34, 41-42
가치를 공유 78
간접적인 질문 75
감사 99, 113, 116, 154, 164
감정 75, 87, 106, 118, 122
감추인 커리큘럼 41-42, 47, 49
강의 26, 41, 59, 64, 66
강한 그룹 성향 102
개인주의적 게임 101, 104
개인 학습 76
경험적 학습 119-123
고든 바워 141
공격 70, 75, 162
공동체 30, 55-56, 99, 100

공식적 커리큘럼 42
관계 22, 26-27, 30-31
관계적 학습 83, 90, 92
관료적 게임 101
관찰 22, 38-41
교사 19-23
교실 21, 26, 33, 40-41
교육 20, 22-25
교제 94, 103, 116, 158-159
교회 24, 32, 49, 61, 90
구술 55-56, 141
권력 47, 108-109
귀환 162, 165
그레고리 베잇슨 43
그룹 정체성 40
그룹 학습 76-77
그림 56, 75, 78, 92-93, 142, 144
그의 형상대로 89
금기사항 70

기도 74, 90, 92, 162, 164
기술 56, 59, 73, 94, 135
기술력 135
기획 146, 148

[ㄴ]
나이 24, 39, 69-70, 103
논리 37, 43, 87, 89-90

[ㄷ]
다문화 환경 77
다양성 78
당당함 162, 164
대가 72
데이빗 콜브 121
델 친첸 108
동등주의적 게임 101, 104
동료 35, 54, 60, 65, 98

[ㄹ]
로버트 서펠 85, 137
로잘리 코헨 82
롤랑 알렌 90
링컨 136

[ㅁ]
마빈 마이어스 145-146, 165
마차파트 138
매리 더글러스 46
맥키스포트 19, 23, 41, 44
모방 38-39, 53, 56-57

몸 동작 90, 127
묵상 57-58
문자 해독 166
문화 20, 22-25
문화적 차이 24, 27, 29, 33, 35
문화적 편향성 37, 46-48, 131
문화 충격 161-165
물레 종족 143
물질 70, 108-109, 165
미국 학교 23, 67-68, 102, 104
믿음 47

[ㅂ]
바리새인 75, 92, 114
반복 44, 53, 56-58
변혁 121
변화 22, 34, 43, 47, 53
보웬 92
복장 102-103, 145-146
본국 문화 162
봉사 108, 116, 160
분리 140
분석적 학습 83, 89-90
불협화음 123
브라질 54, 143
비위기 중심 146-147

[ㅅ]
사례 13, 39-40, 119, 122
사색 164
사실 27, 30, 40, 45, 51
사역 12, 29, 32-33, 74

사회적 게임 101-102, 104-105, 111
사회적 지위 100-101, 145
사회화 39, 84
상담자 87, 98-99
상상력 139
상호 관계 120, 154, 160
상호 교류 97
색상 143, 149
서양 교육 76-77
성육신적 교사 32, 34, 72, 113, 155
세계화 68, 78
셔우드 링겐펠터 13-14, 19, 28, 31
셜리 브라이스 헤쓰 67
수단 143
수학적 지능 93, 121
스테픈 해리스 52
스트레스 33, 74, 123, 134, 140
시각적 학습 53, 83
시행착오 43-44, 54, 56-57
시험 20, 25-26, 64, 68
신디아 토비아스 92
신뢰성 85, 89

[ㅇ]
아미쉬 교파 111
아시아 학생들 70
아프리카 신학교 151, 153
아프리카 학생 77, 93, 108-109, 113
암기 55-58, 63
약한 그룹 성향 102
얍 족 21-24, 30
언어 능력 86

에스키모 39
역할 24-25, 27, 62, 74
연극 95, 137
예수 29-30, 48, 60, 62
요청 37, 102, 108, 116, 139
위계적 게임 101, 103, 107
위기 중심 146, 148
위협 70, 72, 75, 84, 110
윌리엄 더니스 140
유교 78, 98, 100-101
유연성 149, 162, 165
윤리 75, 98, 142
은둔 162-164
은혜 47, 162, 164
음악적 지능 88
의례 39, 56, 66
의뢰인 108-109, 111, 113, 116
의무 103, 108, 138, 158
의존 19, 106, 108, 135, 163
이분법적 학습자 83
이야기 22, 40, 52, 55, 63
이웃 43, 52, 73, 157
인도네시아 88, 138
일치 100

[ㅈ]
자각 112-113
자유 46, 48, 79, 103-104, 165
잘못된 기대 134, 139-140, 142, 144
재클린 굿나우 84
쟝 피아제 122
전략적 기다림 148

전략적 기획　148
전통 사회　52, 59, 75-76
전통적 학습　56, 66, 72, 90
전형적　121
정부 관료　154-155
제리 하비　141
제자　30, 34, 60, 62, 74
조언자　98-99
조지 스핀들러　39
조지 피터 머독　48
존 듀우이　121
존 아렌슨　143
존재적 지능　87
주디스 링겐펠터　13, 15
줄리스 헨리　48
중산층 가정　23, 32
지능　58, 84-87
지식　30, 38, 53, 55, 65
지역사회　72, 99, 112, 153-154
지위　70, 100-101, 103
질문　21, 29-30, 32, 38

[ㅊ]

찰스 크래프트　90
창의성　56, 94
책임성　22, 85, 89, 113
초두누　128
추상적　67-69, 87, 122
추와 사람들　85

[ㅋ]

칼베로 오버그　161

커리큘럼　41-42, 46-48
커트 레윈　122
크와키툴 인디언　110

[ㅌ]

타문화권 교육　91, 151
탐 브루스터와 엘리자벳 브루스터　160
테드 워드　141
토착민　53, 55, 56
통제　26, 111, 125, 164
통찰　43, 52, 74, 92, 118
투르크메니스탄　134, 136, 148

[ㅍ]

파멜라 조지　106, 134
패트리샤 퓨리　98
폴 히버트　140
풀러신학교　107
필리핀　20, 63-64, 75, 128
필립 잭슨　41

[ㅎ]

하계 언어 연수원　13, 22, 142-143
하노 족　39
하워드 가드너　85
학교 학업　48, 85
학습　22, 26, 32, 37-38
학습자　37, 48, 59, 67, 83
한국　104, 117-120
해리 월코트　110
혁신　56, 69
현인　98

현지인 교사들　156
현지화　164
확인　25, 27, 68, 109, 119
회교　111
후견인　107-109, 111, 113
흑인 학생　51, 82, 98
힘　25-28, 34

타문화 사역과 교육
TEACHING Cross-Culturally

2013년 3월 25일 초판 발행

지은이 | 주디스 E. 링겐펠터 · 셔우드 G. 링겐펠터
옮긴이 | 김만태

펴낸곳 | 사)기독교문서선교회
등록 | 제16-25호(1980. 1. 18)
주소 | 서울시 서초구 방배로 68
전화 | 02) 586-8761~3(본사)   031) 942-8761(영업부)
팩스 | 02) 523-0131(본사)   031) 942-8763(영업부)
홈페이지 | www.clcbook.com
이메일 | clckor@gmail.com
온라인 | 기업은행 073-000308-04-020, 국민은행 043-01-0379-646
　　　　　예금주: 사)기독교문서선교회

ISBN 978-89-341-1260-0 (93230)

* 낙장·파본은 교환해 드립니다.